Wache auf, Israel

Wache auf, Israel

Dr. Jaerock Lee

URIM BOOKS

Wache auf, Israel von Dr. Jaerock Lee
Veröffentlicht von Urim Books (Vertreten durch: Seongnam Vin)
73, Yeouidaebang-ro 22-gil, Dongjak-gu, Seoul, Korea
www.urimbooks.com

Alle Rechte vorbehalten. Dieses Buch oder Teile davon dürfen nicht ohne vorherige schriftliche Genehmigung des Herausgebers in irgendeiner Art reproduziert, auf Datenträgern gespeichert, elektronisch oder mechanisch übertragen oder fotokopiert werden.

Alle Zitate aus der Heiligen Schrift sind, wenn nicht anders angegeben, der Revidierten Elberfelder Bibel entnommen.

Urheberrecht © 2020 Dr. Jaerock Lee
ISBN: 979-11-263-0596-4 03230
Copyright der Übersetzung © 2013 Dr. Esther K. Chung.

Bereits 2007 auf Koreanisch von Urim Books veröffentlicht

Erste Veröffentlichung: Februar 2020

Herausgegeben von Dr. Geumsun Vin
Design: Büro des Herausgebers, Urim Books
Druck: Yewon Printing Company
Für weitere Informationen: urimbook@hotmail.com

Wache auf, Israel

Dr. Jaerock Lee

Wache auf, Israel von Dr. Jaerock Lee
Veröffentlicht von Urim Books (Vertreten durch: Seongnam Vin)
73, Yeouidaebang-ro 22-gil, Dongjak-gu, Seoul, Korea
www.urimbooks.com

Alle Rechte vorbehalten. Dieses Buch oder Teile davon dürfen nicht ohne vorherige schriftliche Genehmigung des Herausgebers in irgendeiner Art reproduziert, auf Datenträgern gespeichert, elektronisch oder mechanisch übertragen oder fotokopiert werden.

Alle Zitate aus der Heiligen Schrift sind, wenn nicht anders angegeben, der Revidierten Elberfelder Bibel entnommen.

Urheberrecht © 2020 Dr. Jaerock Lee
ISBN: 979-11-263-0596-4 03230
Copyright der Übersetzung © 2013 Dr. Esther K. Chung.

Bereits 2007 auf Koreanisch von Urim Books veröffentlicht

Erste Veröffentlichung: Februar 2020

Herausgegeben von Dr. Geumsun Vin
Design: Büro des Herausgebers, Urim Books
Druck: Yewon Printing Company
Für weitere Informationen: urimbook@hotmail.com

Einleitung

Zu Beginn des 20. Jahrhunderts spielten sich eine Reihe erstaunlicher Dinge im unfruchtbaren Palästina ab, wo damals niemand leben wollte. Juden, die in Osteuropa, Russland und im Rest der Welt verstreut waren, fingen an, sich in ein Land zu begeben, wo es reichlich Disteln, Armut, Hunger, Krankheiten und Qualen gab.

Trotz des hohen Sterberate aufgrund von Malaria und Hunger verloren die Juden ihren hochgradigen Glauben und ihre Ambitionen nicht, sondern fingen an, Kibbuze zu errichten (ein Ort in Israel, wo man arbeitet, beispielsweise ein Bauernhof oder eine Fabrik, wo die Arbeiter auch zusammen leben, allen Pflichten gemeinsam nachkommen und ihr Einkommen teilen). Theodor Herzl, der Begründer des modernen Zionismus, formulierte es wie folgt: „Wenn ihr nur wollt, bleibt es kein Traum." So wurde die Wiederherstellung Israels Realität.

Der Ehrlichkeit halber muss gesagt werden, die

Wiederherstellung Israels wurde als unmöglicher Traum, den keiner verwirklichen konnte, betrachtet – und niemand war bereit, daran zu glauben. Doch die Juden ließen diesen Traum wahr werden und mit der Geburt des Staates Israel erlangten sie durch ein Wunder nach etwas 1.900 Jahren zum ersten Mal wieder ihre eigene Nation.

Das Volk Israel hielt trotz Verfolgung und Qualen über Jahrhunderte hinweg, in denen es in andere Länder zerstreut war, an seinem Glauben, seiner Kultur und seiner Sprache fest und arbeitete beständig daran, sie zu verbessern. Nach der Gründung des modernen Staates Israel bebauten die Juden das Land und konzentrierten sich auf die Entwicklung verschiedener Industrien, die es der Nation ermöglichten, sich in die Reihen der Industrienationen zu gesellen. Die Juden sind ein erstaunliches Volk, das ausgehalten hat und trotz fortwährender Herausforderungen und der Bedrohung seiner Existenz als Nation erfolgreich war und ist.

Nach der Gründung der Manmin-Gemeinde 1982 offenbarte mir der Heilige Geist durch eine Inspiration sehr viel über Israel, denn die Unabhängigkeit des Landes ist ein Zeichen für die Endzeit und die Erfüllung von Weissagungen in der Bibel.

Hört das Wort des HERRN, ihr Nationen, und meldet es auf den fernen Inseln und sagt: Der Israel zerstreut hat, wird es wieder sammeln und wird es hüten wie ein Hirte seine Herde! (Jeremia 31,10).

Gott hat das Volk Israel erwählt, um Seine Vorsehung zu offenbaren, gemäß der Er den Menschen geschaffen und großgezogen hat. Zuerst machte Gott Abraham zum „Vater des Glaubens" und etablierte Jakob, den Enkelsohn Abrahams, zum Gründer Israels – und seither proklamiert Er den Nachkommen Jakobs Seinen Willen und lässt die Menschheitsgeschichte gemäß der Vorsehung ihren Lauf nehmen.

Als Israel dem Wort Gottes Glauben schenkte und gemäß Seinem Willen im Gehorsam wandelte, genoss es mehr Herrlichkeit und Ehre als alle anderen Nationen. Als es sich von Gott entfernte und Ihm ungehorsam war, war Israel vielen Qualen ausgesetzt, darunter auch dem Einmarsch ausländischer Invasoren; so war das Volk gezwungen, wie ein Vagabund überall auf der Erde herumzuziehen.

Doch selbst als Israel aufgrund seiner Sünde schwierige Zeiten erlebte, verließ und vergaß Gott das Volk nie. Es war immer an Gott gebunden – durch Seinen Bund mit Abraham und Gott hörte nie auf, für die Nation zu wirken.

Durch die außerordentliche Fürsorge und Führung Gottes konnte Israel als Volk seine Unabhängigkeit immer bewahren oder wiedererlangen – und schließlich wieder zu einer Nation über allen Nationen werden. Wie konnte das Volk bewahrt werden und wieso wurde Israel wiederhergestellt?

Viele Menschen sagen: „Das Überleben der jüdischen Nation ist ein Wunder." Da die Art und Schwere der Verfolgung und Unterdrückung des jüdischen Volkes, die es in der Diaspora ertragen musste, unbeschreiblich und unvorstellbar waren, beweist die Geschichte Israels an sich schon, dass die Bibel wahr ist.

Doch noch schlimmere Not und Bedrängnis als die, die das jüdische Volk erleben musste, wird es bei der Wiederkunft Jesu Christi geben. Natürlich werden zu dem Zeitpunkt diejenigen, die Jesus als ihren Erretter angenommen haben, in die Luft entrückt werden und mit dem Herrn am Hochzeitsmahl teilhaben. Die, die Jesus nicht als Retter angenommen haben, werden nicht in die Luft entrückt werden und während der großen Bedrängnis sieben Jahre lang leiden müssen.

Denn siehe, der Tag kommt, der wie ein Ofen brennt. Da werden alle Frechen und alle, die gottlos handeln, Strohstoppeln sein. Und der kommende Tag wird sie verbrennen, spricht der HERR der Heerscharen, so dass er ihnen weder Wurzel noch Zweig übrig lässt (Maleachi 3,19).

Gott hat mir bereits Details über die Katastrophen offenbart, die sich während der sieben Jahre währenden großen Bedrängnis abspielen werden. Darum ist es mein dringender Wunsch, dass Israel, Gottes auserwähltes Volk, Jesus, der vor ungefähr 2.000 Jahren auf der Erde lebte, als seinen Erretter annimmt, ohne es noch länger hinauszuzögern, damit keiner zurückgelassen wird und in der großen Bedrängnis leiden muss.

Durch die Gnade Gottes habe ich extra ein Buch geschrieben, in dem ich Antworten präsentiere, damit die Jahrtausende alte Sehnsucht der Juden nach dem Messias gestillt wird. Es werden Fragen beantwortet, die schon seit Jahrhunderten gestellt werden.

Mögen alle Leser dieses Buches diese eindringliche Botschaft der Liebe im Herzen Gottes ergreifen und den Messias, den Gott für die gesamte Menschheit gesandt hat, ohne es noch weiter hinauszuzögern, annehmen.

Ich liebe euch alle von ganzem Herzen.

November 2007
Gethsemane-Gebetshaus

Jaerock Lee

Vorwort

Ich danke Gott und gebe Ihm die Ehre für Seine Führung und Seinen Segen, so dass „Wache auf, Israel!" nun veröffentlicht werden kann. Dieses Werk wurde gemäß dem Willen Gottes publiziert, denn Er will Israel erwecken und retten. Es ist gekennzeichnet von der unermesslichen Liebe Gottes, der nicht einmal eine Seele verlieren will.

Kapitel 1, „Israel: Gottes auserwähltes Volk", untersucht einerseits die Gründe, warum Gott den Menschen schuf und auf der Erde leben lässt und andererseits Seine Vorsehung gemäß der Er das Volk Israel zu Seinem auserwählten Volk machte und es als solches von jeher regiert. In diesem Kapitel werden auch die wichtigen Vorfahren Israels sowie unser Herr vorgestellt, der in diese Welt kam – und zwar entsprechend der Weissagungen, in denen das Kommen des Retters aller Völker aus dem Hause David angekündigt worden war.

Im Rahmen einer Untersuchung der biblischen Prophetien über den Messias bezeugt Kapitel 2, „Der von Gott gesandte Messias", dass Jesus der Messias ist, dessen Eintreffen Israel immer noch eifrig erwartet, und wie Er – gemäß dem Rückkaufsrecht für Grundbesitz – alle Voraussetzungen als Erretter der Menschheit erfüllt. Außerdem untersucht das zweite Kapitel zum einen, wie Weissagungen über den Messias aus dem Alten Testament durch Jesus erfüllt wurden, und zum anderen, welcher Zusammenhang zwischen der Geschichte Israels und dem Tod Jesu besteht.

Das dritte Kapitel, „Der Gott, an den Israel glaubt", schaut sich das Volk Israel, das das Gesetz und seine Traditionen streng einhält, genau an. Es erklärte, worüber Gott sich freut. Des Weiteren erinnert das Kapitel das israelische Volk daran, dass es sich durch die Traditionen, die ihre Ältesten sich ausgedacht hatten, vom Willen Gottes entfernt hat, und es ermuntert das Volk, den wahren Willen Gottes auszuloten, der ihm ursprünglich das Gesetz gegeben hatte.

Im letzten Kapitel, „Wachet und höret!", wird unsere Zeit, die in der Bibel als „Endzeit" bezeichnet wird, unter die Lupe genommen. Auch das bevorstehende Erscheinen des Antichrists und ein Überblick über die sieben Jahre während große Bedrängnis sind darin zu finden. Als Zeugnis für die beiden Geheimnisse Gottes, die in Seiner unendlichen Liebe für Seine

Auserwählten vorbereitet worden sind (damit das Volk Israel in den letzten Momenten der Menschheitsgeschichte noch errettet werden kann), ruft das letzte Kapitel das Volk Israel schließlich eindringlich auf, die letzte Gelegenheit zur Errettung nicht zu versäumen.

Als der ersten Mensch, Adam, die Sünde des Ungehorsams beging und aus dem Garten Eden vertrieben wurde, ließ Gott ihn in Israel leben. Seither wartet Gott schon Jahrtausende bis heute darauf, Kinder zu gewinnen, die echt sind.

Es gibt keine Zeit zu verlieren oder zu vergeuden. Möge jeder von Ihnen klar erkennen, dass wir uns tatsächlich in der Endzeit befinden. Mögen wir uns darauf vorbereiten, unseren Herrn zu empfangen, der als König aller Könige und Herr aller Herren zurückkehren wird. Dies bete ich ernsthaft im Namen Jesu.

November 2007
Geum-sun Vin,
Chefredakteurin

Inhaltsverzeichnis

Einleitung
Vorwort

Kapitel 1

Israel: Gottes auserwähltes Volk

Der Anfang der menschlichen Zivilisation _ 3
Großartige Vorfahren _ 19
Menschen, die Jesus Christus bezeugen _ 40

Kapitel 2

Der von Gott gesandte Messias

Gott verheißt den Messias _ 61
Voraussetzungen für den Messias _ 68
Jesus erfüllt die Weissagungen _ 84
Jesu Tod und die Weissagungen über Israel _ 93

Kapitel 3

Der Gott, an den Israel glaubt

Das Gesetz und die Tradition _ 103
Der eigentliche Grund, warum Gott das Gesetz gab _ 114

Kapitel 4

Wachet und höret!

In Richtung Endzeit der Welt _ 137
Die zehn Zehen _ 156
Die unerschöpfliche Liebe Gottes _ 169

Der „Davidstern", ein Symbol der jüdischen Gemeinde, auf der Flagge Israels

Kapitel 1
Israel: Gottes auserwähltes Volk

Der Anfang der menschlichen Zivilisation

Mose, der mächtige Anführer Israels, der das Volk aus der Gefangenschaft in Ägypten befreite und es nach Kana, ins Verheißenen Land, führte und als Stellvertreter Gottes diente, begann Sein Wort im 1. Buch Mose wie folgt:

Im Anfang schuf Gott den Himmel und die Erde (1:1).

Gott schuf Himmel und Erde und alles darin in sechs Tagen und ruhte am siebten Tag, welchen Er segnete und heiligte. Warum schuf Gott, der Schöpfer, das Universum und alles, was darin ist? Warum schuf Er den Menschen und gestattet seit Adam unzähligen Menschen, auf der Erde zu leben?

Gott suchte jemanden, mit dem Er Seine Liebe in Ewigkeit teilen konnte

Vor der Schöpfung von Himmel und Erde existierte Gott der Allmächtige im endlosen Universum als Licht, in dem Klänge eingebettet waren. Nach einer langen Zeit der Einsamkeit, wünschte sich Gott jemanden, mit dem Er Seine Liebe in

Ewigkeit teilen konnte.

Gott hatte nicht nur eine göttliche Natur, die Ihn als Schöpfer ausmachte, sondern auch eine menschliche Art, mit der Er Freude, Zorn, Leiden und Vergnügen empfinden konnte. Darum wünschte Er sich, andere Wesen zu lieben und von ihnen geliebt zu werden. In der Bibel deuten viele Schriftstellen darauf hin, dass Gott menschliche Züge hat. Er freute sich über die gerechten Taten der Israeliten (5. Mose 10,15, Sprüche 16,7), doch es betrübte Ihn und Er wurde zornig, wenn sie sündigten (2. Mose 32,10; 4. Mose 11,1 und 32,13).

Es gibt Zeiten, in denen jeder Mensch gern einmal allein sein möchte, doch wenn er einen gleich gesinnten Freund bei sich hat, hat er mehr Freude und ist glücklicher. Die „menschliche" Seite Gottes wünschte sich, jemanden zu haben, dem Er Seine Liebe schenken und dessen Herz Er ergründen konnte – und umgekehrt.

„Wäre es nicht schön und rührend, in diesem weiten und doch tiefen Reich Kinder zu haben, die Mein Herz verstehen, die Ich liebe und von denen Ich geliebt werde?"

Zu der von Ihm gewählten Zeit machte Gott deshalb Pläne, um echte Kinder zu haben, die ihm ähneln und nach Ihm geraten würden. Zu diesem Zweck schuf Gott nicht nur den geistlichen, sondern auch den physischen Bereich, in dem die Menschheit leben sollte.

Mancher mag sich überlegen: „Aber es gibt doch himmlische

Wesen und Engel im Himmel, die immerzu gehorsam sind. Warum hat sich Gott dann die Mühe gemacht, den Menschen zu schaffen?" Außer ein paar wenigen Engeln haben die meisten himmlischen Wesen keine menschlichen Züge. Doch Menschen bilden das wichtigste Element, wenn es darum geht, Liebe zu geben und zu empfangen, denn dazu ist der freie Wille nötig, mit dem man seine Entscheidungen trifft. So sind die himmlischen Wesen eher wie Roboter, sie gehorchen Befehlen, ohne dass sie Freude, Zorn, Leiden oder Vergnügen empfinden. Sie sind nicht in der Lage, Liebe aus der Tiefe ihres Herzens zu geben oder sie dort zu empfangen.

Stellen Sie sich zwei Kinder vor: Eins ist gehorsam und macht alles, was ihm aufgetragen wird, vorschriftsmäßig – allerdings ohne je seine Gefühle oder seine Meinung oder seine Liebe zum Ausdruck zu bringen. Das andere Kind enttäuscht seine Eltern von Zeit zu Zeit durch seinen freien Willen, doch es tut schnell Buße, wenn es etwas Falsches tut, hängt an seinen Eltern voller Liebe und verleiht seinen Gefühlen auf verschiedene Art und Weise Ausdruck.

Welches von beiden hätten Sie lieber? Sie würden sich wahrscheinlich für das zweite entscheiden. Selbst wenn Sie einen Roboter hätten, der alle Ihre Arbeiten täte, würde keiner von Ihnen lieber einen Roboter haben als seine eigenen Kinder. Genauso gab Gott den Menschen und nicht den roboterhaften himmlischen Heerscharen und Engeln den Vorzug, denn nur der Mensch konnte Ihm aus freien Stücken mit seinen Gefühlen gerne gehorsam sein.

Gottes Plan, echte Kinder zu haben

Nachdem Gott den ersten Menschen, Adam, geschaffen hatte, pflanzte Er den Garten Eden und ließ ihn dort herrschen. Alles im Garten Eden war reichlich vorhanden und Adam herrschte über alles, wozu er seinen freien Willen und die ihm von Gott anvertraute Autorität benutzte. Allerdings gab es etwas, das Gott ihm verboten hatte.

Von jedem Baum des Gartens darfst du essen; aber vom Baum der Erkenntnis des Guten und Bösen, davon darfst du nicht essen; denn an dem Tag, da du davon isst, musst du sterben! (1. Mose 2,16-17)

Dieses System hatte Gott, der Schöpfer, zwischen sich und der Menschheit festgelegt und Er wollte, dass Adam Ihm freiwillig und von ganzem Herzen gehorchte. Nachdem eine lange Zeit verstrichen war, vergaß Adam allerdings das Wort Gottes und beging die Sünde des Ungehorsams, indem er vom Baum der Erkenntnis des Guten und Bösen aß.

In 1. Mose 3 steht die Szene mit der Schlange, die von Satan angestiftet worden war, Eva zu fragen: „Hat Gott wirklich gesagt: Von allen Bäumen des Gartens dürft ihr nicht essen?" (V. 1). Eva antwortete: „Von den Früchten des Baumes, der in der Mitte des Gartens steht, hat Gott gesagt: Ihr sollt nicht davon essen und sollt sie nicht berühren, damit ihr nicht sterbt!" (V. 2).

Gott hatte Eva klar gesagt: „Denn an dem Tag, da du davon isst, musst du sterben!", aber sie änderte Gottes Befehl zu „damit ihr nicht sterbt".

Als die Schlange sah, dass Eva sich Gottes Befehl nicht zu Herzen genommen hatte, wurde sie mit der Versuchung aggressiver. „Keineswegs werdet ihr sterben!", sagte sie zu Eva und fügte dann hinzu: „Sondern Gott weiß, dass an dem Tag, da ihr davon esst, eure Augen aufgetan werden und ihr sein werdet wie Gott, erkennend Gutes und Böses" (V. 5).

Als Satan der Frau gierig Gedanken suggerierte, schaute der Baum der Erkenntnis des Guten und des Bösen in ihren Augen anders aus. Der Baum sah wie gute Speise aus, war eine Lust für die Augen und er wurde begehrenswert, Einsicht zu geben. Eva aß von seiner Frucht und gab auch ihrem Mann, der auch davon aß.

So begingen Adam und Eva Sünde; sie gehorchten Gottes Wort nicht und mussten sich dadurch dem Tod stellen (1. Mose 2,17).

An der Stelle bezieht sich „Tod" noch nicht auf den körperlichen Tod, bei dem ein menschlicher Körper aufhört zu atmen, sondern auf den geistlichen Tod. Nachdem Adam vom Baum der Erkenntnis des Guten und Bösen gegessen hatte, zeugte er Kinder und starb erst im Alter von 930 Jahren (1. Mose 5,2-5). Allein daher wissen wir, dass mit „Tod" hier nicht der physische Tod gemeint war.

Ursprünglich war der Mensch ein Wesen aus Geist, Seele und Leib. Er hatte einen Geist, mit dem er mit Gott kommunizieren konnte, eine Seele, die unter der Kontrolle des Geistes stand, und einen Leib, der für Geist und Seele als Schutzschild diente. Weil der Mensch Gottes Befehl nicht befolgte und sündigte, starb sein Geist und die Kommunikation mit Gott wurde unterbrochen – das ist der „Tod", von dem Gott in 1. Mose 2,17 sprach.

Nachdem sie gesündigt hatten, wurden Adam und Eva aus dem schönen Garten Eden, in dem alles im Überfluss vorhanden war, vertrieben. Da begannen die Qualen für alle Menschen. Der Schmerz bei der Geburt wurde für die Frau vermehrt; sie sollte ein Verlangen nach ihrem Ehemann haben und von ihm beherrscht werden. Der Mann sollte sein Leben lang den verfluchten Boden mit Mühsal bearbeiten müssen (1. Mose 3,16-17).

Dazu heißt es in 1. Mose 3,23: *„Und Gott, der HERR, schickte ihn aus dem Garten Eden hinaus, den Erdboden zu bebauen, von dem er genommen war."* Hier steht „den Boden zu bebauen" nicht nur, weil der Mensch den Boden nun mühselig bearbeiten musste, sondern weil er – der er aus Staub geschaffen worden war – auch sein Herz würde bearbeiten müssen, solange er auf der Erde lebte.

Die Erziehung und Kultivierung der Menschheit beginnt mit der Sünde Adams

Adam wurde als lebendiges Wesen geschaffen und hatte

nichts Böses im Herzen. Darum musste er sein Herz nicht „kultivieren". Doch nach seiner Sünde war sein Herz durch Unwahrheit befleckt und so musste er es bearbeiten, um es wieder so rein zu bekommen wie vor seiner Sünde.

Adam musste also wie gesagt an seinem Herzen arbeiten, dass durch Unwahrheiten und Sünden verdorben war, damit es danach wieder zu dem reinen Herzen werden konnte, wie es bei einem echten Kind Gottes der Fall ist. Wenn die Bibel sagt: „Und Gott, der HERR, schickte ihn aus dem Garten Eden hinaus, den Erdboden zu bebauen [bearbeiten], von dem er genommen war", ist genau das gemeint; man kann es auch als Gottes „Kultivierung", „Bearbeitung" oder „Erziehung" des Menschen bezeichnen.

Traditionell bezieht sich das Wort „Kultivierung" auf die Arbeit eines Landwirts, der sät, sich um seine Pflanzen kümmert und die Früchte davon erntet. Um den Menschen auf die Erde zu „kultivieren" und gute Früchte, das heißt „echte Kinder Gottes", zu ernten, säte Gott den ursprünglichen Samen: Adam und Eva. Durch Adam und Eva, die Gott ungehorsam waren, wurden unzählige Kinder geboren und durch Gottes Kultivierung der Menschheit wurden zahlreiche Menschen als Kinder Gottes von neuem geboren, indem sie ihre Herzen bearbeiteten und das verlorene Ebenbild Gottes zurück gewannen.

Somit beschreibt „Gottes Kultivierung der Menschheit" den gesamten Prozess, in dem Gott die Geschicke der

Menschheitsgeschichte seit der ersten Schöpfung bis zum Jüngsten Gericht leitet, um echte Kinder zu gewinnen. So wie ein Bauer Überschwemmungen, Dürren, Frost, Hagel und Schädlinge überwinden muss, nachdem er gesät hat, am Ende aber eine schöne, reiche einbringen wird, kontrolliert Gott alles, um am Ende echte Kinder zu haben, die hervorkommen, nachdem sich Tod, Krankheiten, Trennungen und andere Arten von Leiden in ihrem Leben auf dieser Erde überwunden haben.

Der Grund, warum Gott den Baum der Erkenntnis des Guten und des Bösen im Garten Eden platzierte

Manche Leute fragen: „Warum hat Gott den Baum der Erkenntnis des Guten und des Bösen gepflanzt, wodurch der Mensch sündigte und in die Zerstörung geführt wurde?" Gott platzierte den Baumes dort, weil Er den Menschen gemäß Seiner Vorsehung dahin bringen wollte, dass er sich der „Relativität" bewusst würde.

Die meisten Menschen nehmen an, dass Adam und Eva im Garten Eden immer nur glücklich waren, weil es dort weder Tränen noch Trauer, Krankheiten oder Qualen gab. Doch Adam und Eva kannten echtes Glück und echte Liebe nicht, weil sie im Garten Eden keine Vorstellung von der Realität hatten.

Wie würden beispielsweise zwei Kinder auf ein geschenktes Spielzeug reagieren, wenn eines der Kinder in eine gut situierte Familie hineingeboren wurde, während das andere in einer armen

Familie aufwuchs? Letzteres würde dankbarer sein und sich von Herzen freuen – mehr als das Kind aus reichem Elternhaus.

Wenn Sie den echten Wert einer Sache wirklich verstehen wollen, müssen Sie das Gegenteil kennen und erlebt haben. Erst wenn sie an einer Krankheit gelitten haben, können Sie den echten Wert von Gesundheit richtig schätzen. Erst, wenn Ihnen Tod und Hölle bewusst sind, können Sie den Wert des ewigen Lebens wirklich schätzen und dem Gott der Liebe von Herzen dafür danken, dass Er Ihnen ewiges Leben geschenkt hat.

Im Garten Eden, wo es alles reichlich gab, genoss der erste Mensch alles, was Gott ihm gegeben hatte, einschließlich der Autorität, über alle Geschöpfe zu herrschen. Doch weil dort nichts die Frucht seiner schweißtreibenden Arbeit war, konnte Adam den Wert nicht richtig begreifen oder Gott wirklich seine Wertschätzung zeigen. Erst nachdem er in die Welt hinausgetrieben worden war und Tränen, Leid, Krankheit, Qualen, Unglück und Tod erlebt hatte, wurde ihm der Unterschied zwischen Freude und Trauer klar – und wie wertvoll die Freiheit und der Wohlstand waren, mit der Gott ihn im Garten Eden beschenkt hatte.

Welchen Wert hätte das ewige Leben für uns, wenn wir weder Freude noch Leid kennen würden? Wir alle haben vielleicht für eine kurze Zeit Schwierigkeiten, aber wenn uns später der Bezug klar wird, können wir sagen: „Das ist wahre Freude!" So wird unser Leben wertvoller und gesegneter.

Gibt es etwa Eltern, die ihre Kinder nicht zur Schule

schicken und sie stattdessen zu Hause behalten, nur weil sie wissen, dass Lernen schwierig ist? Wenn Eltern ihre Kinder wirklich lieben, senden sie sie zur Schule und helfen ihnen dabei, auch schwierige Sachen fleißig und gewissenhaft zu lernen und viele Dinge zu erleben, damit sie sich später eine bessere Zukunft aufbauen können.

Genau das ist im Herzen Gottes, der die Menschheit schuf und sie seither erzieht. Aus eben diesem Grund hat Gott den Baum der Erkenntnis des Guten und des Bösen gepflanzt und hielt Adam nicht davon ab, von der Frucht zu essen; Er ließ ihn Freude, Zorn, Leid und Glück in Laufe seines Lebens kennen lernen – wie auch den Rest der Menschheit. Der Grund ist, dass der Mensch Gott, der selbst Liebe und Wahrheit ist, erst dann von ganzem Herzen lieben und anbeten kann, wenn er selbst erlebt hat, was Verhältnismäßigkeit, echte Liebe, Freude und Dankbarkeit sind.

Durch die Kultivierung der Menschheit wollte Gott echte Kinder haben, die Sein Herz kennen und Ihm ähneln – um mit ihnen im Himmel zu leben und dort in Ewigkeit Seine echte Liebe zu teilen.

Die Kultivierung der Menschheit beginnt in Israel

Als der erste Mensch aus dem Garten Eden vertrieben wurden, nachdem er dem Wort Gottes ungehorsam war, hatte er nicht das Recht, das Land auszusuchen, wo er sich niederlassen würde. Stattdessen legte Gott das Gebiet für ihn fest – und zwar Israel.

Dies entsprach dem Willen und der Vorsehung Gottes. Nachdem Gott den großartigen Plan für die Kultivierung der Menschheit vorbereitet hatte, wählte Er das Volk Israel als Model. Aus genau diesem Grund ließ Gott Adam ein neues Leben führen – in einem Gebiet, in dem das Land Israel entstehen sollte.

Im Laufe der Zeit gingen aus den Nachkommen Adams unzählige Nationen hervor und die Nation Israel wurde zur Zeit Jakobs geboren, der ein Nachkomme Abrahams war. Gott wollte Seine Herrlichkeit und die geplante Kultivierung der Menschheit anhand der Geschichte Israels offenbaren – und zwar nicht nur den Israeliten, sondern allen Menschen auf der Welt. So ist die Geschichte Israels, die Gott kontrolliert, nicht nur die Geschichte eines Volkes, sondern eine göttliche Botschaft an alle Menschen.

Warum wählte Gott Israel als Model für die Kultivierung der Menschheit? Der Grund war, dass der Charakter Israels edler war, anders ausgedrückt, war sein Innerstes von herausragender Qualität.

Israel stammt von Abraham, dem „Vater des Glaubens" ab, an dem Gott Wohlgefallen hatte; das Volk stammt ebenso von Jakob ab, der mit Gott gekämpft und gewonnen hatte. Das ist der Grund, warum das Volk Israel selbst dann seine Identität nicht verlor, als es aus seinem Heimatland vertrieben wurde und jahrhundertelang wie ein Vagabund leben musste.

Vor allem hat das Volk Israel Tausende von Jahren das Wort Gottes bewahrt, das durch Männer Gottes prophezeit wurde und es hat danach gelebt. Natürlich gab es Zeiten, in denen sich das Volk von Gottes Wort entfernte und gegen Ihn sündigte, doch am Ende taten die Israeliten immer wieder Buße und kehrten zu Gott zurück. Sie haben den Glauben an den Herrn, ihren Gott, nie verloren.

Die Wiederherstellung eines unabhängigen jüdischen Staates Israel im 20. Jahrhundert zeigt deutlich, was für ein Herz die Nachkommen Jakobs haben.

In Hesekiel 38,8 steht: *„Nach vielen Tagen sollst du aufgeboten werden; am Ende der Jahre sollst du in ein Land kommen, das vom Schwert wiederhergestellt, das aus vielen Völkern gesammelt ist, auf die Berge Israels, die für lange Zeit zur Trümmerstätte geworden waren; das ist aus den Völkern herausgeführt worden, und sie wohnen in Sicherheit allesamt."* Hier bezieht sich „am Ende der Jahre" auf die Endzeit, wenn die Kultivierung der Menschheit zu Ende geht und die „Berge Israels" stehen für die Stadt Jerusalem, die fast 760 m über dem Meeresspiegel liegt.

Wenn also der Prophet Hesekiel schrieb, dass die Bewohner „aus vielen Völkern gesammelt [werden würden], auf die Berge Israels", bedeutete dies, dass Israelis aus der ganzen Welt sich wieder einfinden und den jüdischen Staat wiederherstellen würden. So wurde gemäß dem Wort Gottes das im Jahr 70 n. Chr. durch die Römer zerstörte Israel am 14. Mail 1948 wiederhergestellt, als die Unabhängigkeitserklärung verlesen wurde. Bis dahin war das Land für lange Zeit eine Trümmerstätte gewesen, doch inzwischen ist Israel zu einer starken Nation geworden, die andere nicht einfach übersehen oder herausfordern können.

Der Zweck, zu dem Gott die Israeliten auserwählte

Warum begann Gott mit der Kultivierung der Menschheit im Land Israel? Warum wählte Er das Volk und warum dirigierte er die Geschicke Israels?

Erstens wollte Gott anhand der Geschichte Israels allen Nationen zeigen, dass Er Himmel und Erde geschaffen hat, dass Er allein der wahre Gott ist und dass Er lebt. Wenn jemand die Geschichte Israels studiert, kann er (sogar er ein Heide ist) die Gegenwart Gottes genauso leicht erkennen wie Seinen Plan, die Geschicke der Menschheit lenken zu wollen.

Und alle Völker der Erde werden sehen, dass der Name des HERRN über dir ausgerufen ist, und sie werden sich vor dir fürchten (5. Mose 28,10).

Glücklich bist du, Israel! Wer ist wie du, ein Volk, gerettet durch den HERRN, der der Schild deiner Hilfe und der das Schwert deiner Hoheit ist? [Erschaudern] werden... deine Feinde, du aber, du wirst einherschreiten über ihre Höhen (5. Mose 33,29).

Als Gottes auserwähltes Volk genießt Israel große Vorrechte

und diese finden wir leicht in der Geschichte des Volkes. Rahab beispielsweise sagte zu den beiden von Josua zum Ausspähen ins Land Kanaan geschickten Männern: *„Denn wir haben gehört, dass der HERR das Wasser des Schilfmeeres vor euch ausgetrocknet hat, als ihr aus Ägypten zogt, und was ihr den beiden Königen der Amoriter getan habt, die jenseits des Jordan waren, dem Sihon und dem Og, an denen ihr den Bann vollstreckt habt. Als wir es hörten, da zerschmolz unser Herz, und in keinem blieb noch Mut euch gegenüber. Denn der HERR, euer Gott, ist Gott oben im Himmel und unten auf der Erde"* (Josua 2,9-11).

Während der babylonischen Gefangenschaft der Israeliten lebte Daniel mit Gott; König Nebukadnezar von Babylon erlebte den Gott, mit dem Daniel lebte und wandelte. Nachdem der König Gott selbst erlebt hatte, konnte er nur noch sagen: *„Nun rühme ich, Nebukadnezar, und erhebe und verherrliche den König des Himmels, dessen Werke allesamt Wahrheit und dessen Wege Recht sind und der die erniedrigen kann, die in Stolz einhergehen"* (Daniel 4,34).

Das Gleiche geschah, während Israel unter der Herrschaft Persiens stand. Als die Menschen dort erlebt hatten, wie der lebendige Gott wirkte und durch die Gebete von Königin Ester Dinge passierten, geschah Folgendes: *„Und viele aus den Völkern des Landes wurden Juden, denn Furcht vor den Juden war auf sie gefallen"* (Ester 8,17).

Als die Heiden sahen, wie der lebendige Gott für die Israeliten einschritt, fiel Gottesfurcht auf sie und sie beteten Ihn an. Und auch wir lernen die Majestät Gottes kennen und beten ihn aufgrund solcher Ereignisse und Beispiele an.

Zweitens erwählte Gott Israel und leitet Sein Volk, weil Er wollte, dass die gesamte Menschheit durch die Geschichte Israels den Grund dafür erkennen würde, warum Er den Menschen geschaffen hatte und ihn kultivierte.

Gott kultiviert die Menschheit, weil Er nach echten Kindern trachtet. Ein echtes Kind Gottes ist jemand, der Gott, welcher Güte und Liebe verkörpert, ähnelt. Ein Kind Gottes ist gerecht und heilig. Der Grund dafür ist, dass solche Kinder Gottes Ihn lieben und gemäß Seinem Willen leben.

Als Israel sich an die Gebote Gottes hielt und Ihm diente, setzte Er die Israeliten über alle Völker und Nationen. Wann immer das Volk Israel allerdings Götzen diente und Gottes Gebote schnell vergaß, war es allen möglichen Qualen und Desastern wie Krieg und Naturkatastrophen oder sogar Gefangenschaft ausgesetzt.

In diesem Prozess lernten die Israeliten mit jeden Schritt, sich vor Gott zu demütigen und jedes Mal, wenn sie das taten, stellte Gott sie mit Seiner unerschöpflichen Barmherzigkeit und Liebe wieder her und nahm sie wieder in die Arme Seiner Gnade.

Solange König Salomo Gott liebte und Seine Gebote hielt, konnte er sich großer Pracht und Herrlichkeit erfreuen, aber als der König begann, sich von Gott zu entfernen und Götzen zu dienen, verblassten die Pracht und Herrlichkeit, die er bis dahin genossen hatte. Während die Könige Israels, wie zum Beispiel David, Joschafat und Hiskia gemäß dem Gesetz Gottes lebten, war das Land mächtig und blühte auf, doch es wurde schwach und fiel ausländischen Invasoren anheim, wenn Könige regierten, die Gottes Wege mieden.

Die Geschichte Israels zeigt auf diese Weise ganz deutlich Gottes Willen; sie ist ein Spiegel, der Seinen Willen für alles Völker und Nationen reflektiert. Es ist Sein erklärter Wille, dass Menschen, die in Seinem Ebenbild geschaffen und Ihm ähnlich gemacht sind, Seinen Geboten gehorchen, gemäß Seinem Wort geheiligt werden, Seinen Segen empfangen und in Seiner Gunst leben.

Israel wurde auserwählt, um unter allen Nationen und Völkern den Plan Gottes bekannt zu machen; es empfing als eine Nation von Priestern, denen Gottes Wort anvertraut worden war, enormen Segen. Selbst wenn das Volk sündigte, vergab Gott ihm seine Sünden und stellte es wieder her – solange es demütig von Herzen Buße getan hatte – so wie Er es auch mit ihren Ahnen gehandhabt hatte.

Der größte Segen, den Gott angekündigt und für Sein auserwähltes Volk vorbereitet hatte, war die glorreiche Verheißung, dass der Messias aus diesem Volk hervorgehen würde.

Großartige Vorfahren

Im Laufe der langen Geschichte der Menschheit beschützte der Herr Israel unter Seinen Flügeln und sandte Männer Gottes zu den von Ihm festgesetzten Zeiten, damit der Name Israel nicht ausgelöscht würde. Die Männer Gottes waren diejenigen, die gemäß der Vorsehung Gottes bei der Kultivierung der Menschen als echte Frucht hervorkamen. Sie verharrten im Wort Gottes und in der Liebe für Ihn. Gott legte das Fundament der Nation Israel durch die großartigen Ahnen des Volkes.

Abraham, der Vater des Glaubens

Abraham wurde zum Vater des Glaubens durch sein Vertrauen und seinen Gehorsam; er sollte eine große Nation hervorbringen. Er wurde vor rund 4.000 Jahren in Ur, der Stadt der Chaldäer, geboren und nachdem er von Gott berufen worden war, gewann er Gottes Liebe und Anerkennung in einem solchen Maß, das er Gottes „Freund" genannt wurde.

Gott rief Abraham und gab im das folgende Versprechen:

Geh aus deinem Land und aus deiner Verwandtschaft

und aus dem Haus deines Vaters in das Land, das ich dir zeigen werde! Und ich will dich zu einer großen Nation machen, und ich will dich segnen, und ich will deinen Namen groß machen, und du sollst ein Segen sein! (1. Mose 12,1-2).

Zu der Zeit war Abraham kein junger Mann mehr, er hatte keine Nachkommen und wusste auch nicht, wohin er unterwegs war; somit war es nicht gerade einfach zu gehorchen. Doch obwohl er nicht wusste, wohin er kommen würde, ging Abraham los, weil er sich ganz und gar auf das Wort Gottes, der Seine Versprechen nie bricht, verließ. So wandelte Abraham in allem, was er tat, im Glauben und empfing im Laufe seines Lebens alle Segnungen, die Gott ihm versprochen hatte.

Abraham erwies nicht nur Gott gegenüber vollkommenen Gehorsam und handelte im Glauben, sondern jagte Güte und Frieden mit den Menschen um ihn herum nach.

Als Abraham beispielsweise Haran gemäß dem Befehl Gottes verließ, ging sein Neffe Lot mit. Als ihr Besitz zu groß wurde, konnten Abraham und Lot nicht mehr in der gleichen Gegend bleiben. Der Mangel an genügend Weideplätzen und Wasser führte zum „Streit zwischen den Hirten von Abrams Vieh und den Hirten von Lots Vieh" (1. Mose 13,7). Doch obwohl Abraham viel älter war, pochte er nicht auf das, was ihm zustand. Er trat seinem Neffen Lot das Recht ab, das bessere Land auszusuchen. In 1. Mose 13,9 sagte er zu Lot: „*Ist nicht das ganze Land vor dir? Trenne dich doch von mir! Willst du nach links, dann gehe ich nach rechts, und willst du nach rechts, dann gehe ich nach links."*

Da Abraham ein Mann mit einem reinen Herzen war, nahm er weder Faden noch Schuhriemen von anderen (1. Mose 14,23).

Als Gott ihm sagte, dass die von Sünde überschwemmten Städte Sodom und Gomorra zerstört werden würden, flehte Abraham, ein Mann mit geistlicher Liebe, zu Gott und empfing die Antwort, dass Er Sodom nicht zerstören würde, wenn Er zehn Gerechte in der Stadt finden würde.

Die Güte und der Glaube Abrahams waren so vollkommen, dass er Gott auch dann gehorchte, als Er ihn aufforderte, seinen einzigen Sohn als Brandopfer darzubringen.

Im 1. Mose 22,2 befahl Gott Abraham: *„Nimm deinen Sohn, deinen einzigen, den du lieb hast, den Isaak, und ziehe hin in das Land Morija, und opfere ihn dort als Brandopfer auf einem der Berge, den ich dir nennen werde!"*

Isaak war ein Sohn Abrahams, der geboren wurde, als er einhundert Jahre alt war. Vor der Geburt Isaaks hatte Gott Abraham bereits gesagt, dass der, der aus seinem Leibe hervorgehen würde, sein Erbe sein sollte und dass die Anzahl seiner Nachkommen so groß sein würde, wie die der Sterne. Wäre Abraham fleischlichen Gedanken gefolgt, hätte er sich Gottes Befehl nicht beugen und Isaak opfern können. Doch Abraham gehorchte sofort, ohne nach den Gründen zu fragen.

In dem Moment, als Abraham seine Hand ausstreckte, um Isaak zu opfern, nachdem er den Altar gebaut hatte, rief ihn der Engel Gottes: *"Abraham, Abraham! Und er sagte: Hier bin ich! Und er sprach: Strecke deine Hand nicht aus nach dem Jungen, und tu ihm nichts! Denn nun habe ich erkannt, dass du Gott fürchtest, da du deinen Sohn, deinen einzigen, mir nicht vorenthalten hast"* (1. Mose 22,11-12). Was für eine segensreiche, bewegende Geschichte!

Da Abraham nie auf seine fleischlichen Gedanken reagierte, gab es in seinem Herzen weder Konflikte noch Ängste und so konnte er gar nicht anders, als dem Befehl Gottes im Glauben einfach zu gehorchen. Er setzte sein ganzes Vertrauen auf den treuen Gott, der ganz sicher das erfüllt, was Er verspricht – der Allmächtige, der die Toten wiederbelebt, der Gott der Liebe, der Seine Kinder nur mit Gutem segnen will. Da Abrahams Herz erfüllt war mit Gehorsam und da er Glaubensschritte gegangen war, nahm Gott ihn als Vater des Glaubens an.

Weil du das getan und deinen Sohn, deinen einzigen, mir nicht vorenthalten hast, darum werde ich dich reichlich segnen und deine Nachkommen überaus zahlreich machen wie die Sterne des Himmels und wie der Sand, der am Ufer des Meeres ist; und deine Nachkommenschaft wird das Tor ihrer Feinde in Besitz nehmen. Und in deinem Samen werden sich segnen alle Nationen der Erde dafür, dass du meiner Stimme gehorcht hast (1. Mose 22,16-18).

Da Abrahams Güte und Glauben von einer Art und Größe

waren, die Gott gefielen, wurde er „Freund" Gottes genannt und als Vater des Glaubens betrachtet. Er wurde der Vater aller Nationen und die Quelle aller Segnungen, so wie Gott es ihm verheißen hatte, als Er ihn am Anfang berief: *„Und ich will segnen, die dich segnen, und wer dir flucht, den werde ich verfluchen; und in dir sollen gesegnet werden alle Geschlechter der Erde!"* (1. Mose 12,3).

Gottes Plan durch Jakob, den Vater Israels, – und Josef, den Träumer

Isaak war der Sohn von Abraham, dem Vater des Glaubens, und die beiden Söhne Isaaks wiederum hießen Esau und Jakob. Gott wählte Jakob, der ein besseres Herz hatte als sein Bruder, schon als er noch im Mutterleib war. Jakob wurde später Israel genannt; er wurde zum Urheber der Nation Israel und der Vater der zwölf Stämme.

Jakob kaufte das Erstgeburtsrecht seines älteren Bruders Esau für eine Schüssel Suppe und entriss seinem Bruder den Segen, indem er seinen Vater betrog; er ging soweit, weil er sich den Segen Gottes und geistliche Dinge so sehr wünschte. Jakob war zwar hinterlistig, aber Gott wusste, dass er verwandelt werden und zu einem großartigen Instrument werden würde. Aus diesem Grunde ließ Gott zu, dass Jakob zwanzig Jahre lang geprüft wurde, so dass sein Ego vollkommen zerbrach und er gedemütigt wurde.

Als Jakob seinem älteren Bruder Esau durch einen Trick

das Erstgeburtsrecht raubte, versuchte Esau, ihn zu töten und so musste Jakob vor ihm fliehen. Er landete bei seinem Onkel Laban und hütete Schafe und Ziegen. Er musste schwer arbeiten und sich um die Herden seines Onkels kümmern. In 1. Mose 31,40 sagte er: *„Am Tag verzehrte mich die Hitze und der Frost in der Nacht, und mein Schlaf floh von meinen Augen."*

Gott bezahlt jedem das zurück, was er gesät hat. Er sah, wie Jakob treu seine Arbeit tat und so segnete Er ihn mit großem Reichtum. Als Gott ihm sagte, er solle in sein Heimatland zurückkehren, verließ Jakob Laban und zog mit seiner Familie und seinem Hab und Gut in Richtung Heimat. Als er den Fluss Jabot erreichte, erfuhr er, dass sein Bruder Esau mit 400 Mann auf der anderen Seite des Flusses war.

Jakob konnte nicht zu Laban zurückkehren, wegen eines Versprechens, dass er seinem Onkel gegeben hatte. Aber er konnte auch nicht über den Fluss setzen, da Esau voller Rache war. In dieser misslichen Lage verließ sich Jakob nicht auf seine Weisheit, sondern übergab Gott im Gebet alles. Er legt alle seine eigenen Vorstellungen und Gedanken beiseite und betete ernsthaft zu Gott – und zwar so heftig, dass er sich die Hüfte ausrenkte.

Jakob kämpfte mit Gott und schlug sich überwältigend; darum segnete Gott ihn: *„Nicht mehr Jakob soll dein Name heißen, sondern Israel; denn du hast mit Gott und mit Menschen gekämpft und hast überwältigt"* (1. Mose 32,28). Danach konnte sich Jakob auch wieder mit seinen Bruder versöhnen.

Der Grund, warum Gott Jakob wählte, war, dass er inmitten

von Bedrängnissen so beständig und aufrichtig war. Dadurch konnte ein großartiges Instrument aus ihm werden, das in der Geschichte Israels eine bedeutsame Rolle spielen sollte.

Jakob hatte zwölf Söhne und diese legten den Grundstein für die Nation Israel. Als sie noch ein Stamm waren, positionierte Gott sie innerhalb der Grenzen Ägyptens, das damals ein einflussreiches Land war, bis die Nachkommen Jakobs zu einer mächtigen Nation geworden waren.

Dieser Plan entsprang der Liebe Gottes, der Sein Volk vor anderen Nationen schützen wollte. Die Person, die mit dieser monumentalen Aufgabe betraut wurde, war Josef, der elfte Sohn Jakobs.

Obwohl er zwölf Söhne hatte, hegte Jakob eine ausgesprochene Vorliebe für Josef, dem er unter anderem einen bunten Leibrock machen ließ. Josef wurde zur Zielscheibe für den Hass und die Eifersucht seiner Brüder und wurde von ihnen als Sklave nach Ägypten verkauft, als er gerade einmal 17 Jahre alt war. Dennoch beschwerte er sich nie darüber und hasste seine Brüder auch nicht.

Josef wurde an das Haus von Potifar verkauft, einen Kämmerer des Pharao, den Obersten der Leibwächter. Dort arbeitete er fleißig und treu und stand dadurch in der Gunst von Potifar, der ihm auch vertraute. So wurde Josef zum Aufseher im Hause des Potifar; ihm wurde alles, was sich im Haus befand, anvertraut.

Doch dann gab es ein Problem. Josef war gutaussehend

und die Ehefrau seines Herrn wollte ihn verführen. Josef war aufrichtig und fürchtete Gott; als Potifars Frau ihn verführen wollte, sagte er mutig: „*Wie sollte ich dieses große Unrecht tun und gegen Gott sündigen?*" (1. Mose 39,9)

Dennoch wurde Josef trotz ihrer haltlosen Anschuldigungen ins Gefängnis gesteckt, indem die Gefangenen des Königs einsaßen. Aber selbst im Gefängnis war Gott bei Josef und durch Seine Gnade hatte Josef bald alles in der Hand, was im Gefängnis passierte.

Durch diese Schritte erlangte er Weisheit, mit Hilfe der er später das Land regierte; er übte sich in politischen Dingen und wurde ein großartiges Instrument; später schloss er viele Menschen ins Herz.

Nachdem er den Traum des Pharao ausgelegt hatte und sogar eine weise Lösung für das Problem anbot, das bald auf den Pharao und sein Volk zukommen sollte, wurde Josef zum stellvertretenden Herrscher in Ägypten, gleich hinter dem Pharao. In Seiner weisen Planung und durch die Schwierigkeiten, die Josefs erlebte, positionierte Gott ihn so, dass er im Alter von 30 Jahren in einer der mächtigsten Nationen jener Zeit Premierminister wurde.

So wie Josef in der Deutung von Pharaos Traum angekündigt hatte, gab es im Nahen Osten, einschließlich Ägypten, eine sieben Jahre währende Hungersnot. Doch da Josef dafür Vorbereitung getroffen hatte, konnte er alle Ägypter retten. Die Brüder Josefs kamen auf der Suche nach Nahrung nach Ägypten, versöhnten sich mit ihrem Bruder und anschließend zog der Rest der Familie nach Ägypten, wo sie ihm Wohlstand lebte und den Weg für die Geburt der Nation Israel bahnte.

Moses: Eine großartige Führungspersönlichkeit, die den Auszug wahr werden ließ

Nachdem sich das Volk in Ägypten niedergelassen hatte, wuchs die Anzahl der Nachkommen Israels mächtig. Sie häuften Vermögen an und wurden bald so zahlreich und stark, dass sie eine eigene Nation bildeten.

Als ein neuer König an die Macht kam, der Josef nicht kannte, wollte er sich vor dem Wohlstand und der Stärke der Israeliten schützen. So begannen der König und seine Beamten, den Israeliten das Leben durch harte Arbeit an Lehm und an Ziegeln und durch allerlei Arbeit auf dem Feld schwer zu machen, wobei sie mit Gewalt zur Arbeit gezwungen wurden (2. Moses 1,13-14).

Doch *„je mehr sie [die Israeliten] es bedrückten, desto mehr nahm [das Volk] zu"* (2. Mose 1,12). So gab der Pharao den Befehl, alle israelitischen Jungen bei der Geburt zu töten. Als Gott hörte, wie die Israeliten wegen ihrer Gefangenschaft schrien, erinnerte Er sich an Seinen Bund mit Abraham, Isaak und Jakob.

Und ich werde dir und deinen Nachkommen nach dir das Land deiner Fremdlingschaft geben, das ganze Land Kanaan, zum ewigen Besitz, und ich werde ihnen Gott sein (1. Mose 17,8).

Und das Land, das ich Abraham und Isaak gegeben habe, dir will ich es geben, und deinen Nachkommen nach dir will ich das Land geben (1. Mose 35,12).

Um die Söhne Israels aus ihrem qualvollen Leben heraus- und in das Land Kanaan hineinzubringen, bereitete Gott einen Mann vor, der Seinen Geboten bedingungslos gehorchen und Sein Volk gemäß Seinem Herzen führen würde.
Dieser Mann war Mose. Seine Eltern hielten ihn nach seiner Geburt drei Monate versteckt, aber als sie ihn nicht mehr verstecken konnten, legten sie ihn in einen Korb und setzen das Körbchen ins Schilf am Ufer des Nils. Als die Tochter des Pharao das Kind in dem Schilfkorb entdeckte und beschloss, es zu behalten, riet die Schwester des Babys, die in der Nähe gestanden hatte, um zu sehen, was mit ihm geschehen würde, der Tochter des Pharaos, die (biologische) Mutter als Amme zu nehmen.

Mose wuchs im königlichen Palast auf, wurde aber von seiner biologischen Mutter erzogen, wodurch er natürlich Dinge über Gott und sein Volk, die Israeliten, lernte.
Eines Tages sah er, wie einer seiner hebräischen Volksgenossen von einem Ägypter verprügelt wurde. In seinem Zorn tötete Mose den Ägypter. Als das bekannt wurde, floh Mose vor dem Pharao und siedelte sich im Land Midian an. Vierzig Jahre lang hütete er Schafe; die was Teil von Gottes Plan war, der Mose auf

diese Weise prüfte und zum Anführer für den Auszug Seines Volkes aus Ägypten ausbildete.

Zur festgesetzten Zeit berief Gott Mose und befahl ihm, die Israeliten aus Ägypten herauszuführen – und zwar nach Kanaan, das Land, in dem Milch und Honig fließen. Pharao verhärtete sein Herz und hörte nicht auf den durch Mose gegebenen Befehl Gottes. Als Resultat ließ Gott die Zehn Plagen über Ägypten hereinbrechen; so brachte Er die Israeliten praktisch mit Gewalt aus dem Land Ägypten heraus.

Erst nachdem Pharao und sein Volk den Tod ihrer erstgeborenen Söhne mit angesehen hatten, beugten sie sich vor Gott und erst da konnte das Volk Israel aus der Gefangenschaft befreit werden. Gott selbst lenkte jeden Schritt der Israeliten, Er teilte das Schilfmeer, so dass sie trockenen Fußes hinübergehen konnten. Als sie nichts zu trinken hatten, ließ Gott Wasser aus dem Felsen fließen und als sie nichts zu essen hatten, schickte Er ihnen Manna und Wachteln. Er wirkte diese Zeichen und Wunder durch Mose, um das Überleben von Millionen von Israeliten in der Wüste 40 Jahre lang zu gewährleisten.

In Seiner Treue führte Gott das Volk Israel durch Josua, den Nachfolger von Mose, in das Land Kanaan; Er half Josua und Seinem Volk, den Jordan auf Seine Weise zu überqueren und ließ sie die Stadt Jericho erobern. Wiederum auf Seine Weise ließ Gott die Israeliten auch einen Großteil von Kanaan, das Land, wo Milch und Honig fließen, erobern und in Besitz nehmen.

Natürlich war die Eroberung von Kanaan nicht nur der Segen Gottes für die Israeliten, sondern auch das Ergebnis Seiner gerechten Bestrafung der Bewohner Kanaans, die durch Sünde und das Böse verdorben waren. Die Bewohner von Kanaan waren sehr verdorben und mussten dadurch gerichtet werden; so führte Gott die Israeliten in Seiner Gerechtigkeit in das Land.

So wie Gott es Abraham gesagt hatte: *„Und in der vierten Generation werden sie hierher zurückkehren; denn das Maß der Schuld des Amoriters ist bis jetzt noch nicht voll"* (1. Mose 15,16), verließen Abrahams Nachkommen, das heißt Jakob und seine Söhne, Kanaan zunächst in Richtung Ägypten, siedelten sich dort an. Später kehrten ihre Nachkommen nach Kanaan zurück.

David baut ein starkes Israel auf

Nach der Eroberung von Kanaan regierte Gott in der Zeit der Richter durch verschiedene Richter und Propheten über Israel, dann wurde Israel zu einem Königreich. Durch die Regierungszeit von König David, der Gott über alles liebte, wurden die Grundfesten der Nation etabliert.

In seiner Jugend tötete David einen mächtigen Kämpfer der Philister mit einer Schleuder und einem Stein und wurde als Anerkennung für seine Dienste auf dem Schlachtfeld über die Kriegsmänner in der Armee von König Saul gesetzt. Als David nach dem Sieg über die Philister nach Hause zurückkehrte, sangen und spielten viele Frauen: „Saul hat seine Tausende erschlagen und David seine Zehntausende." Alle Israeliten fingen an David zu lieben. König Saul dagegen begann, aus Eifersucht auf David Intrigen zu spinnen, um ihn zu töten.

Inmitten der verzweifelten Versuche von Saul hatte David zwei Mal die Gelegenheit, den König zu töten, doch er weigerte sich, den von Gott Gesalbten zu töten. Er tat dem König nur Gutes. Einmal verbeugte sich David tief vor ihm, er sagte auf den Boden liegend zu König Saul: *„Sieh, mein Vater, ja, sieh den Zipfel deines Oberkleides in meiner Hand! Denn dass ich einen Zipfel deines Oberkleides abgeschnitten und dich nicht umgebracht habe, daran erkenne und sieh, dass meine Hand rein ist von Bosheit und Aufruhr! Ich habe mich nicht an dir versündigt. Du aber stellst meinem Leben nach, um es mir zu nehmen"* (1. Samuel 24,11).

David, ein Mann nach dem Herzen Gottes, jagte in allem dem Guten nach, auch nachdem er König geworden war. Während seiner Herrschaft regierte David mit Gerechtigkeit und stärkte sein Königreich. Da Gott mit ihm war, war König David in seinen Kriegen gegen die Nachbarvölker, das heißt die Philister, die Morbider, die Amalekiter, die Ammoniter und die Edomiter, erfolgreich. Er weitete das Territorium Israels aus; Kriegsbeute und Abgaben flossen in die Schatzkammer von seines Königreiches. Somit konnte er eine Zeit des Wohlstands genießen.

David brachte auch die Bundeslade Gottes nach Jerusalem, entwickelte die Prozeduren zum Darbringen von Opfern und stärkte den Glauben an Gott, den HEERN. Der König etablierte

Jerusalem außerdem als politisches und religiöses Zentrum seines Reiches und bereitete alles für den heiligen Tempel Gottes vor, der in der Regierungszeit von König Salomo, dem Sohn Davids, erbaut werden sollte.

Schaut man sich die gesamte Geschichte Israels an, so sieht man, dass die Herrschaftszeit von König David die mächtigste und strahlendste war, dass er beim Volk sehr angesehen war und Gott viel Ehre brachte. Und was für ein großartiger Vorfahre muss David gewesen sein, dass der Messias aus seinem Stammbaum entspringen würde?

Elisa bringt das Herz der Israeliten zurück zu Gott

Am Ende seines Lebens betete Salomo, der Sohn von König David, Götzen an und sein Königreich wurde nach seinem Tod gespalten. Von den zwölf Stämmen Israels bildeten zehn das Königreich Israels im Norden und die übrigen Stämme das südliche Königreich Juda.

Im Königreich Israel offenbarten die Propheten Amos und Hosea dem Volk Gottes Seinen Willen, während die Propheten Jesaja und Jeremia ihren Dienst im Königreich Juda ausübten. Zu der jeweils von Gott festgesetzten Zeit sandte Er Seine Propheten und ließ durch sie Seinen Willen geschehen. Einer dieser Propheten war Elisa. Er tat seinen Dienst, während König Ahab im Nordreich regierte.

Zu Elias Zeit brachte Königin Isebel den Götzen Baal nach Israel und der Götzendienst war im gesamten Reich weit verbreitet. Die erste Mission, die der Prophet Elisa erfüllen musste, bestand darin, König Ahab mitzuteilen, dass es in Israel dreieinhalb Jahre lang nicht regnen würde, denn das war Gottes Gericht für den Götzendienst.

Als der Prophet erfuhr, dass der König und die Königin ihn töten wollten, floh Elia nach Zarpat, das zu Sidon gehört. Er bekam von einer Witwe dort einen Bissen Brot und weil sie Elia damit diente, segnete er sie, so dass ihr Topf Mehl nicht ausging und der Krug Öl nicht abnahm, bis die Hungersnot zu Ende ging. Später belebte Elia auch den toten Sohn einer Frau wieder.

Auf dem Berg Karmel kämpfte Elia gegen die 450 Propheten des Baal und die 400 Propheten der Aschera und brachte das Feuer Gottes vom Himmel herab. Um die Herzen der Israeliten von den Götzen abzuwenden und zu Gott zurück zu führen, reparierte Elia Gottes Altar, goss Wasser über die Opfer und den Altar und betete intensiv zu Gott.

„HERR, Gott Abrahams, Isaaks und Israels! Heute soll man erkennen, dass du Gott in Israel bist und ich dein Knecht und dass ich nach deinem Wort das alles getan habe. Antworte mir, HERR, antworte mir, damit dieses Volk erkennt, dass du, HERR, der wahre Gott bist und dass du selbst ihr Herz wieder zurückgewandt hast! Da fiel Feuer vom HERRN herab und verzehrte das Brandopfer und das Holz

und die Steine und die Erde; und das Wasser, das im Graben war, leckte es auf. Als das ganze Volk das sah, da fielen sie auf ihr Angesicht und sagten: Der HERR, er ist Gott! Der HERR, er ist Gott! Und Elia sagte zu ihnen: Packt die Propheten des Baal, keiner von ihnen soll entkommen! Und sie packten sie. Und Elia führte sie hinab an den Bach Kischon und schlachtete sie dort" (1. Könige 18,36-39).

Außerdem sorgte er dafür, dass es nach dreieinhalb Jahren Dürre wieder Regen gab, er überquerte den Jordan, als würde er auf trockenem Boden gehen und prophezeite Dinge, die geschehen würden. Dadurch, dass er die wunderbare Kraft Gottes demonstrierte, zeigte Elia, dass Gott eindeutig lebt.

Im 2. Könige 2,11 steht: *„Und es geschah, während [Elia und Elisa] gingen, gingen und redeten, siehe da: ein feuriger Wagen und feurige Pferde, die sie beide voneinander trennten! Und Elia fuhr im Sturmwind auf zum Himmel."* Weil Elia Gott durch seinen Glauben in höchstem Maße gefiel und Seine Liebe und Anerkennung empfangen hatte, fuhr der Prophet in den Himmel, ohne sterben zu müssen.

Daniel offenbart den Nationen Gottes Herrlichkeit

Rund 250 Jahre später, das heißt etwa 605 vor Christus, fiel Jerusalem im dritten Jahr der Herrschaft von König Jojakim, als König Nebukadnezar von Babylon einmarschierte. Viele

Mitglieder der Königsfamilie von Juda wurden gefangen genommen.

Als Teil seiner Versöhnungspolitik befahl der König Aschpenas, dem Obersten seiner Hofbeamten, einige der Söhne Israels herbeizubringen, darunter einige aus der königlichen Familie und von den Vornehmen, junge Männer, an denen keinerlei Makel war, von schönem Aussehen und verständig in aller Weisheit, gebildet und von guter Auffassungsgabe, die somit fähig waren, im Palast des Königs zu dienen. Dann befahl der König, dass man ihnen Schrift und Sprache der Chaldäer lehrte. Zu diesen jungen Männern zählte auch Daniel (Daniel 1,3-4).

Daniel nahm sich allerdings in seinem Herzen vor, sich nicht mit der Tafelkost des Königs und mit dem Wein, den er trank, unrein zu machen, weshalb er sich vom Obersten der Hofbeamten erbat, dass er sich nicht unrein machen müsse (Daniel 1,8).

Obwohl er Kriegsgefangener war, empfing Daniel den Segen Gottes, denn Ihm begegnete er in allen Bereichen seines Lebens mit Ehrfurcht. Gott gab Daniel und seinen Freunden Wissen und eine schnelle Auffassungsgabe in allen Bereichen der Literatur sowie viel Weisheit. Daniel konnte sogar alle möglichen Visionen und Träume verstehen (Daniel 1,17).

Darum gewann er immer mehr Gunst und Anerkennung von den Königen – denn die Herrscher wechselten. Als König Darius von Persien den außergewöhnlichen Geist von Daniel erkannte, setzte er ihn zum Obersten über das ganze Reich ein.

Daraufhin wurden eine Reihe von Hofbeamten eifersüchtig auf Daniel und suchten nach einem Anlass, um Daniel in Bezug auf Regierungsangelegenheiten beschuldigen zu können. Doch sie konnten keinen Anlass und keine Beweismittel für Korruption finden.

Als sie erfuhren, dass Daniel drei Mal am Tag zu Gott betete, gingen die Beamten und Satrapen zum König und bedrängten ihn, ein Gesetz zu verabschieden, wonach jeder, der einen Monat lang irgend einen anderen Gott oder Menschen außer dem König anbetete, in die Löwengrube geworfen werden sollte. Doch Daniel wankte nicht. Auch auf die Gefahr hin, dass er seinen Ruf, seine Position oder sein Leben in der Löwengrube verlieren würde, betete er wie zuvor weiter in Richtung Jerusalem gewandt.

Auf den Befehl des Königs hin wurde Daniel in die Löwengrube geworfen, aber weil Gott Seinen Engel sandte, um den Löwen das Maul zuzuhalten, blieb Daniel unversehrt. Als König Darius dies erfuhr, schrieb er an alle Völker, Nationen und Menschen mit den unterschiedlichsten Sprachen, die auf der ganzen Erde lebten, und forderte sie auf, Gott zu preisen und Ihm die Ehre zu geben:

„Von mir ergeht der Befehl, dass man in der ganzen Herrschaft meines Königreichs vor dem Gott Daniels zittere und sich fürchte! Denn er ist der lebendige Gott und bleibt in Ewigkeit; und sein Königreich wird nicht zerstört werden, und seine Herrschaft währt

bis ans Ende. Er, der rettet und befreit und Zeichen und Wunder im Himmel und auf der Erde tut, er hat Daniel aus der Gewalt der Löwen gerettet" (Daniel 6,27-28).

Um zusätzlich zu den oben genannten Vätern des Glaubens, die bei Gott hohes Ansehen genossen, noch die Taten des Glaubens von Gideon, Barak, Simson, Jeftah, Samuel, Jesaja, Jeremia, Hesekiel, Daniels drei Freunden, Esther und all den in der Bibel vorgestellten Propheten zu beschreiben, würden Papier und Tinte nie reichen.

Große Vorfahren für alle Nationen der Erde

Gleich von Anbeginn des Volkes Israel plante und lenkte Gott persönlich seine Geschichte. Jedes Mal, wenn Israel sich in einer Krise befand, befreite Gott es durch die Propheten, die Er vorbereitet hatte und leitete die Geschichte Israels.

Darum hat sich die Geschichte Israels anders als die aller anderen Nationen gemäß der Vorsehung Gottes entwickelt – von den Tagen Abrahams an und sie wird sich weiter gemäß dem Plan Gottes entwickeln bis zum Ende der Zeit.

Denn Gott wählte und benutzte die Väter des Glaubens in Israel nicht nur für Sein auserwähltes Volk, die Israeliten, gemäß Seiner Vorsehung und Seinem Plan aus, sondern auch für alle Menschen überall, die an Gott glauben.

„Abraham soll doch zu einer großen und mächtigen Nation werden, und in ihm sollen gesegnet werden alle Nationen der Erde!" (1. Mose 18,18).

Gott möchte, dass „alle Nationen der Erde" durch den Glauben Kinder Abrahams werden und den Segen Abrahams empfangen. Er hält den Segen nicht nur für Sein auserwähltes Volk Israel bereit. In 1. Mose 17,4-5 verhieß Gott Abraham, dass er der Vater von einer Menge von Nationen werden würde. In 1. Mose 12,3 lesen wir, dass alle Geschlechter der Erde in ihm gesegnet sein werden und in 1. Mose 22,17-18 steht, dass alle Nationen der Erde durch Abrahams Samen gesegnet sein werden.

Außerdem hat Gott durch die Geschichte Israels den Weg gebahnt, über den alle Nationen der Erde erkennen sollten, dass der HERR allein der wahre Gott ist, dass sie Ihm dienen und für Ihn zu echten, liebenden Kindern werden.

„Ich war zu erfragen für die, die nicht nach mir fragten; ich war zu finden für die, die mich nicht suchten. Ich sprach: Hier bin ich, hier bin ich!, zu einer Nation, die meinen Namen nicht anrief" (Jesaja 65,1).

Gott etablierte großartige Vorfahren und lenkt und leitet die Geschichte Israels persönlich, um sowohl Heiden als auch Seinem auserwählten Volk Israel zu ermöglichen, Seinen Namen anzurufen. Gott hatte die Geschichte Israels bis dahin gelenkt, doch hat Er einen wunderbaren Plan, um auch die Heiden gemäß Seinem Plan einzubeziehen. Darum kam zu der von Ihm gewählten Zeit auch Sein Sohn in das Land Israel – nicht nur als Messias für Israel, sondern als der Messias aller Menschen.

Menschen, die Jesus Christus bezeugen

Im Verlaufe der Menschheitsgeschichte war Israel immer im Zentrum der Erfüllung von Gottes Vorsehung. Gott offenbarte sich den Vätern des Glaubens, verhieß ihnen Dinge, die geschehen sollten, und erfüllte sie genauso, wie Er es verheißen hatte. Er kündigte den Israeliten auch an, dass der Messias aus dem Stamm Juda und dem Haus Davids kommen und alle Nationen der Erde retten würde.

Darum wartet Israel auf das Kommen des im Alten Testament verheißenen Messias. *Der Messias ist Jesus Christus.* Natürlich erkennen die Menschen, die an das Judentum glauben, Jesus nicht als Sohn Gottes und Messias an, stattdessen warten sie immer noch auf Sein kommen.

Doch der Messias, auf den Israel wartet, und der Messias, der im Rest von diesem Kapitel beschrieben wird, ist ein und derselbe.

Was sagen Menschen über Jesus Christus? Wenn Sie die Weissagungen über den Messias und ihre Erfüllung untersuchen und die Eigenschaften des Messias ansehen, werden Sie die Tatsache bestätigt finden, dass der Messias, nach dem sich Israel schon so lange sehnt, kein anderer als Jesus Christus ist.

Paulus, der Verfolger von Jesus Christus wird zu Seinem Apostel

Paulus wurde in Tarsus in Zilizien, in der heutigen Türkei, vor rund 2.000 Jahren geboren, wobei sein Geburtsname Saulus war. Er wurde am 8. Tag nach seiner Geburt beschnitten, war ein Israelit aus dem Stamm Benjamin, ein Hebräer von Hebräern. Saulus war untadelig, was die Gerechtigkeit, die im Gesetz ist, anging. Er war zu den Füßen Gamaliels gelehrt worden, ein Gesetzesgelehrter und bei allen Menschen angesehen. Er lebte gemäß der Strenge des väterlichen Gesetzes und war ein Bürger des Römischen Reiches, damals das mächtigste Land der Welt.

Kurz gesagt mangelte es Saulus nach dem Fleisch, das heißt in Bezug auf seine Familie, seine Vorfahren, sein Wissen, seinen Reichtum und seine Autorität, an nichts.

Da er Gott über alles liebte, verfolgte Saulus die Nachfolger Jesu Christi voller Eifer. Der Grund? Als er hörte, dass die Christen behaupteten, der gekreuzigte Jesus sei der Sohn Gottes und der Erretter und dass Jesus am dritten Tag nach Seinem Begräbnis wieder auferstanden war, dachte Saulus, dass das direkte Gotteslästerung war.

Saulus dachte auch, die Nachfolger Jesu Christi stellten eine Gefahr dar für die Pharisäer im Judentum, dem er leidenschaftlich verbunden war. Darum verfolgte und bekämpfte Saulus die Gemeinde erbarmungslos und war federführend bei der Festnahme von Menschen, die an Jesus Christus glaubten.

Er ließ viele Christen ins Gefängnis stecken und wenn sie

umgebracht wurden, stimmte er dem zu. Er bestrafte auch die Gläubigen in den Synagogen, versuchte, sie dazu zu bringen, Jesus Christus zu lästern und verfolgte sie sogar über die Landesgrenzen hinaus.

Dann hatte Saulus ein erstaunliches Erlebnis, wodurch sein Leben auf den Kopf gestellt wurde. Auf dem Weg nach Damaskus umstrahlte ihn plötzlich ein Licht.

„Saul, Saul, was verfolgst du mich?"
„Wer bist du, Herr?"
„Ich bin Jesus, den du verfolgst."

Saulus stand auf, konnte aber nicht mehr sehen. Andere Leute mussten ihn nach Damaskus führen. Dort war er drei Tage, ohne sehen zu können. Auch aß und trank er nichts. Nach diesem Ereignis erschien der Herr einem Jünger namens Hananias in einer Vision.

Steh auf und geh in die Straße, welche die „Gerade" genannt wird, und frage im Haus des Judas nach einem mit Namen Saulus von Tarsus! Denn siehe, er betet; und er hat in der Erscheinung einen Mann mit Namen Hananias gesehen, der hereinkam und ihm die Hände auflegte, damit er wieder sehend werde... Geh hin! Denn dieser ist mir ein auserwähltes Werkzeug, meinen Namen zu tragen sowohl vor Nationen als auch vor Könige und Söhne Israels. Denn ich werde ihm zeigen, wie vieles er für meinen Namen leiden muss (Apostelgeschichte 9,11-12, 15-16).

Als Hananias ihm die Hände auflegte und für Saulus betete, fiel es ihm wie Schuppen von den Augen und er wurde sehend. Nach der Begegnung mit dem Herrn wurde sich Saulus all seiner Sünden bewusst; er nannte sich fortan „Paulus", denn das bedeutet „kleiner Mann". Ab diesem Zeitpunkt predigte Paulus den Heiden mutig den lebendigen Gott und das Evangelium von Jesus Christus.

Ich tue euch aber kund, Brüder, dass das von mir verkündigte Evangelium nicht von menschlicher Art ist. Ich habe es nämlich weder von einem Menschen empfangen noch erlernt, sondern durch eine Offenbarung Jesu Christi. Denn ihr habt von meinem früheren Verhalten im Judentum gehört, dass ich die Gemeinde Gottes über die Maßen verfolgte und sie zu vernichten suchte und im Judentum mehr Fortschritte machte als viele Altersgenossen in meinem Volk; ich war ja für meine überkommenen väterlichen Überlieferungen in viel höherem Maße ein Eiferer. Als es aber dem, der mich von meiner Mutter Leibe an ausgewählt und durch seine Gnade berufen hat, gefiel, seinen Sohn in mir zu offenbaren, damit ich ihn unter den Nationen verkündigte, zog ich nicht Fleisch und Blut zu Rate; ich ging auch nicht nach Jerusalem hinauf zu denen, die vor mir Apostel waren, sondern ich ging sogleich fort nach Arabien und kehrte wieder nach Damaskus zurück (Galater 1,11-17).

Auch nachdem er dem Herrn Jesus Christus begegnet war und das Evangelium verkündigte, litt Paulus auf eine Art und Weise, die man nicht adäquat in Worte fassen kann. Paulus mühte sich oft ab, kam mehrfach ins Gefängnis, wurde übermäßig geschlagen, befand sich oft in Todesgefahren, bekam Schläge, befand sich oft in Todesgefahr, verbrachte viele Nächte wachend, litt Hunger und Durst, fastete oft, war Kälte und Blöße ausgesetzt (2. Korinther 11,23-27).

Mit dem Status, den er hatte, mit seiner Autorität, seinem Wissen und seiner Weisheit hätte Paulus leicht ein angenehmes Leben im Wohlstand führen können, doch Paulus gab all das auf und übergab alles, was er hatte, dem Herrn.

Denn ich bin der geringste der Apostel, der ich nicht würdig bin, ein Apostel genannt zu werden, weil ich die Gemeinde Gottes verfolgt habe. Aber durch Gottes Gnade bin ich, was ich bin; und seine Gnade mir gegenüber ist nicht vergeblich gewesen, sondern ich habe viel mehr gearbeitet als sie alle; nicht aber ich, sondern die Gnade Gottes, die mit mir ist (1. Korinther 15,9-10).

Paulus konnte dies mutig bekennen, weil er eine sehr

einprägsame Begegnung mit Jesus Christus gehabt hatte. Der Herr begegnete Paulus nicht nur auf der Straße nach Damaskus, sondern bestätigte, dass Er bei Paulus war, indem Er wunderbare und mächtige Werke sichtbar werden ließ.

Gott wirkte durch die Hände von Paulus außerordentliche Wunder, so dass Schweißtücher oder Schurze von seinem Leib weg auf die Kranken gelegt wurden und die Krankheiten von ihnen wichen und die bösen Geister ausfuhren. Paulus holte auch einen jungen Mann namens Eutychus ins Leben zurück, nachdem dieser aus einem Fenster im zweiten Stockwerk gefallen war und nur noch tot geborgen werden konnte. Einen Toten wieder lebendig zu machen, ist ohne die Kraft Gottes nicht möglich.

Im Alten Testament wird erwähnt, wie der Prophet Elia den toten Sohn der Witwe von Zarpat wiederbelebte und der Prophet Elisa den Jungen einer bekannten Frau in Schunem wieder ins Leben zurückholte. Wie wir im Psalm 62,12 lesen, ist es Gott, der den Menschen Kraft gibt: *„Eines hat Gott geredet, zwei Dinge sind es, die ich gehört, dass die Macht bei Gott ist."*

Auf seinen drei Missionsreisen legte Paulus das Fundament dafür, dass das Evangelium von Jesus Christus in allen Nationen gepredigt werden konnte, indem er an vielen Orten in Asien und Europa, darunter auch Kleinasien und Griechenland, Gemeinden gründete. So wurde der Weg gebahnt für die Verkündigung des Evangeliums und die Errettung von zahlreichen Seelen an allen Enden der Erde.

Petrus wirkt mächtig und rettet unzählige Seelen

Was können wir über Petrus sagen, der federführend war, wenn es darum ging, den Juden das Evangelium zu predigen? Er war ein einfacher Fischer, bevor er Jesus kennen lernte. Doch nachdem er Jesus kennen gelernt hatte und direkt mit angesehen hatte, welch herrliche Dinge Jesus tat, wurde Petrus einer seiner besten Jünger.

Petrus konnte mit eigenen Augen zusehen, wie Jesus mächtige Dinge tat, die niemand auch nur annähernd hätte nachmachen können; er sah, wie Blinde sehend gemacht wurden, Krüppel aufstanden, Tote wiederbelebt wurden. Er sah, wie Jesus Gutes tat und die Fehler und Übertretungen der Menschen bedeckte. Darum konnte er glauben: „Er ist wirklich von Gott gekommen." In Matthäus 16 steht geschrieben, dass er das bekannte.

Jesus hatte Seine Jünger gefragt: *„Ihr aber, was sagt ihr, wer ich bin?"* (Vers 15). Und Petrus antwortete darauf: *„Du bist der Christus, der Sohn des lebendigen Gottes"* (Vers 16).

Dann geschah etwas Unvorstellbares mit Petrus, der die oben genannte kühne Aussage getroffen hatte. Petrus hatte Jesus sogar beim letzten Abendmahl bekannt: *„Wenn sich alle an dir ärgern werden, ich werde mich niemals ärgern"* (Matthäus 26,33). Doch in der Nacht, in der Jesus verhaftet und danach gekreuzigt wurde, leugnete Petrus aus Angst zu sterben, drei Mal, dass er Jesus kannte.

Nachdem Jesus auferstanden und in den Himmel gefahren

war, empfing Petrus den Heiligen Geist und wurde auf wundersame Art und Weise verwandelt. Er weihte sein ganzes Leben dem Predigen des Evangeliums von Jesus Christus – ohne den Tod zu fürchten. An einem Tag taten 3.000 Menschen Buße und wurden getauft, nachdem er kühn über Jesus Christus gepredigt hatte. Selbst vor den jüdischen Leitern, die sein Leben bedrohten, verkündigte er Jesus Christus als unseren Herrn und Retter.

„Tut Buße, und jeder von euch lasse sich taufen auf den Namen Jesu Christi zur Vergebung eurer Sünden! Und ihr werdet die Gabe des Heiligen Geistes empfangen. Denn euch gilt die Verheißung und euren Kindern und allen, die in der Ferne sind, so viele der Herr, unser Gott, hinzurufen wird (Apostelgeschichte 2,38-39).

Das ist der Stein, der von euch, den Bauleuten, verachtet, der zum Eckstein geworden ist. Und es ist in keinem anderen das Heil; denn auch kein anderer Name unter dem Himmel ist den Menschen gegeben, in dem wir gerettet werden müssen (Apostelgeschichte 4,11-12).

Petrus demonstrierte die Macht Gottes, indem er viele Zeichen und Wunder wirkte. In Lydda heilte er einen Mann, der acht Jahre lang gelähmt war und bei Joppe belebte er Tabita wieder, die krank geworden und gestorben war. Petrus ließ auch Krüppel aufstehen und gehen, heilte Menschen, die an verschiedenen Krankheiten litten, und trieb Dämonen aus. Gottes Kraft begleitete Petrus in einem solchen Maß, dass Menschen auf die Straße gebracht und auf Betten und Lager gelegt wurden, weil die Leute erwarteten, dass Petrus vorbeikommen und zumindest sein Schatten auf sie fallen würde (Apostelgeschichte 5,15).

Außerdem offenbarte Gott Petrus durch Visionen, dass das Evangelium zur Errettung zu den Heiden getragen werden sollte. Als Petrus eines Tages auf dem Dach betete, wurde er hungrig und wollte etwas essen. Während das Essen vorbereitet wurde, fiel Petrus in einen Trance und sah den Himmel sich öffnen und etwas wie ein Tuch herunterkommen. Darauf befanden sich alle möglichen vierfüßigen und kriechenden Tiere der Erde und Vögel des Himmels (Apostelgeschichte 10,9-12). Dann hörte Petrus eine Stimme.

„*Steh auf, Petrus, schlachte und iss!*" (Vers 13). Aber Petrus sagte: „*Keineswegs, Herr! Denn niemals habe ich irgendetwas Gemeines oder Unreines gegessen*" (Vers 14). Die Stimme war daraufhin ein zweites Mal zu hören: „*Was Gott gereinigt hat, mach du nicht gemein!*" (Vers 15).

Dies geschah drei Mal und dann wurde alles wieder in den Himmel hinaufgehoben. Petrus konnte nicht verstehen, warum Gott ihm befohlen hatte, etwas zu essen, was nach dem Gesetz Mose als „unrein" galt. Während Petrus über die

Vision nachdachte, sagte der Heilige Geist zu ihm: *„Siehe, drei Männer suchen dich. Steh aber auf, geh hinab und zieh mit ihnen, ohne irgend zu zweifeln, weil ich sie gesandt habe!"* (Apostelgeschichte 10,19-20). Die drei Männer waren im Auftrag von Kornelius, einem Heiden, gekommen, der Petrus zu sich nach Hause holen lassen wollte.

Durch diese Vision offenbarte Gott Petrus, dass sogar den Heiden Seine Barmherzigkeit gepredigt werden sollte. Er drängte Petrus, ihnen das Evangelium des Herrn Jesus zu bringen. Petrus war dem Herrn so dankbar, der ihn bis zum Ende geliebt hatte und ihm das ehrenvolle Amt eines Apostels anvertraut hatte, obwohl er Ihn drei Mal geleugnet hatte. So setzte Petrus sein ganzes Leben dafür ein, unzählige Seelen auf den Weg der Errettung zu führen. Am Ende starb er als Märtyrer.

Johannes, der Apostel, prophezeit die Endzeit in der Offenbarung Jesu Christi

Johannes war zunächst ein Fischer in Galiläa gewesen, aber nachdem er von Jesus berufen wurde, folgte er Ihm und erlebte mit, wie Er Zeichen und Wunder wirkte. Johannes sah, wie Jesus bei der Hochzeit zu Kana Wasser in Wein verwandelte, unzählige kranke Menschen heilte, darunter einen Mann, der 38 Jahre lang krank gewesen war. Er sah, wie aus vielen Menschen Dämonen ausfuhren und wie Blinde Augen sehend wurden. Johannes war auch dabei, als Jesus auf dem Wasser wandelte und als Lazarus, der schon vier Tage tot gewesen war, ins Leben zurückgerufen wurde.

Als Jesus verklärt wurde (als Sein Gesicht wie die Sonne strahlte und Seine Kleider weiß wie Licht waren) und mit Mose und Elia auf dem Berg sprach, war Johannes Augenzeuge. Sogar als Jesus am Kreuz die letzten Atemzüge machte, hörte Johannes, wie Jesus zu Maria und zu ihm sagte: *„Frau, siehe, dein Sohn!"* (Johannes 19:26) *„Siehe, deine Mutter!"* (Johannes 19:27) Mit diesen Worten, die Er am Kreuz sprach, wollte Jesus Maria, die mit Ihm schwanger gewesen war und Ihn zur Welt gebracht hatte, auf natürliche Art und Weise trösten. Geistlich gesehen proklamierte Jesus damit der gesamten Menschheit, dass alle Gläubigen Brüder und Schwestern und Mütter sind.

Jesus bezeichnete Maria nie als Seine „Mutter". Da Jesus, der Sohn Gottes, eigentlich Gott selbst ist, konnte Ihn niemand gebären oder Seine Mutter sein. Der Grund, warum Jesus zu Johannes sagte: „Siehe, deine Mutter", war, dass Johannes Maria nun so dienen sollte, als wäre sie seine Mutter. Und von da an nahm Johannes sie bei sich zu Hause auf und diente ihr wie einer Mutter.

Nach Jesu Auferstehung und Himmelfahrt predigte Johannes das Evangelium Jesu Christi mit den anderen Aposteln, obwohl er ständig von den Juden bedroht wurde. Durch sein eifriges Predigen, erlebte die Urgemeinde eine spektakuläre Erweckung. Gleichzeitig erlebten die Apostel eine ungeheure Verfolgung.

Der Apostel Johannes wurde vom Rat der Juden verhört und später vom römischen Kaiser Domitian in ein Fass mit kochendem Öl geworfen. Doch Johannes blieb durch die Kraft und Vorsehung Gottes unverletzt und der Kaiser verbannte ihn auf die griechische Insel Patmos im Mittelmehr. Dort sprach

Johannes im Gebet zu Gott, er sah durch die Inspiration des Heiligen Geistes und die Führung von Engeln viele tief gehende Visionen und schrieb die Offenbarung Jesu Christi.

Offenbarung Jesu Christi, die Gott ihm gab, um seinen Knechten zu zeigen, was bald geschehen muss; und indem er sie durch seinen Engel sandte, hat er sie seinem Knecht Johannes kundgetan (Offenbarung 1,1).

Durch die Inspiration des Heiligen Geistes schrieb der Apostel Johannes im Detail auf, was in der Endzeit alles geschehen wird, damit alle Menschen Jesus als ihren Retter annehmen und sich darauf vorbereiten, Ihm bei Seiner Wiederkunft als König aller Könige und Herrn aller Herrn zu begegnen.

Mitglieder der Urgemeinde halten an ihrem Glauben fest

Als der auferstandene Jesus in den Himmel auffuhr, versprach Er Seinen Jüngern, dass Er genauso wiederkehren würde, wie sie Ihn in den Himmel auffahren sehen würden.

Die zahllosen Zeugen von Jesu Auferstehung und Himmelfahrt erkannten, dass auch sie auferstehen würden und vor dem Tod keine Angst mehr zu haben brauchten. So konnten sie ihr Leben als Seine Zeugen führen – trotz der Bedrohungen und Unterdrückung durch die Herrscher der Welt und der Verfolgung, die sie in vielen Fällen das Leben kostete. Nicht nur Jesu Jünger, die Ihm während Seines irdischen Dienstes gedient hatten, sondern auch viele andere wurden im Kolosseum zur Beute der Löwen, sie wurden enthauptet, gekreuzigt und verbrannt. Doch alle hielten sie an ihrem Glauben an Jesus Christus fest.

Als die Verfolgung der Christen härter wurde, versteckten sich die Mitglieder der Urgemeinde in den Katakomben Roms, das heißt in den „unterirdischen Gräbern". Ihr Leben war schrecklich, als wären sie gar nicht richtig lebendig. Doch weil sie eine echte, leidenschaftliche Liebe für den Herrn hatten, fürchteten sie sich nicht vor Prüfungen und Qualen.

Bevor das Christentum offiziell in Rom anerkannt wurde, war die Unterdrückung der Christen unbeschreiblich schlimm. Ihnen wurde die Staatsangehörigkeit aberkannt, Schriften und Gemeindegebäude wurden in Brand gesteckt, Leiter und Mitarbeiter verhaftet, brutal gequält und exekutiert.

Polykarp von der Gemeinde in Smyrna in Kleinasien kannte den Apostel Johannes persönlich und hatte Zeit mit ihm verbracht. Er war ein engagierter Bischof. Als er von römischen Beamten festgenommen und vor den Gouverneur gestellt wurde, sagte er seinem Glauben nicht ab.

„Ich will dich nicht beschämen. Ordne an, dass die Christen getötet werden sollen, und dann lasse ich dich frei. Verfluche Christus!"

„Ich bin seit 86 Jahren Sein Diener und Er hat mir nichts Böses getan. Wie könnte ich meinem König lästern, der mich gerettet hat?"

Sie versuchten, ihn zu verbrennen, doch es gelang ihnen nicht. Später starb Polykarp, der Bischof von Smyrna, als Märtyrer; jemand erstach ihn. Als viele andere Christen miterlebten und hörten, wie Polykarp im Glauben voranmarschierte und als Märtyrer starb, wurde ihnen das Leiden Jesu Christi noch klarer und auch sie entschieden sich für den Märtyrertod.

Männer von Israel, seht euch bei diesen Menschen vor, was ihr tun wollt! Denn vor diesen Tagen stand Theudas auf und sagte, dass er selbst etwas sei, dem eine Anzahl von etwa vierhundert Männern anhing; der ist getötet worden, und alle, die ihm Gehör gaben, sind zerstreut und zunichte geworden. Nach diesem stand Judas der Galiläer auf, in den Tagen der Einschreibung, und machte eine Menge Volk abtrünnig und brachte sie hinter sich; auch der kam um, und alle, die ihm Gehör gaben, wurden zerstreut. Und jetzt sage ich euch: Lasst ab von diesen Menschen und lasst sie laufen! Denn wenn dieser Rat oder dieses Werk aus Menschen ist, so wird es zugrunde gehen; wenn es aber aus Gott ist, so werdet ihr sie nicht zugrunde richten können; damit ihr nicht gar als solche befunden werdet, die gegen Gott streiten (Apostelgeschichte 5,35-39).

Als der berühmte Gamaliels so zum Volk Israel sprach und auf andere Geschehnisse verwiese, konnte das Evangelium Jesu Christi nicht gekippt werden. Im Jahr des Herrn 313 erkannte Kaiser Konstantin schließlich das Christentum als offizielle Religion seines Reiches an; von da an konnte das Evangelium Jesu Christi auf der ganzen Welt verkündigt werden.

Das Zeugnis Jesu gemäß dem Bericht von Pilatus

Zu den historischen Dokumenten aus der Zeit des Römischen Reiches gibt es ein Manuskript über die Auferstehung Jesu, geschrieben von Pontius Pilatus, der zur Zeit Jesu Stadthalter der Römischen Provinz Judäa war; er wurde an Cäsar geschickt.

Es folgt ein Auszug über das Ereignis der Auferstehung Jesu aus dem „Bericht von Pilatus an den Kaiser – über die Festnahme, den Prozess und die Kreuzigung von Jesus"; der Bericht wird derzeit in der Hagia Sophia in Istanbul in der Türkei aufbewahrt:

Ein paar Tage, nachdem das Grab leer vorgefunden war, verkündigten Seine Jünger im ganzen Land, dass Jesus von den Toten auferstanden sei, wie Er es vorhergesagt hatte. Das sorgte für mehr Aufregung als es schon bei der Kreuzigung der Fall war. Ob das die Wahrheit ist, kann ich nicht sicher sagen, aber ich habe die

Angelegenheit etwas untersucht; du kannst sie selbst für dich überprüfen, um zu sehen, ob ich falsch liege, wie Herodes es darstellt.

Josef begrub Jesus in seinem eigenen Grab. Ob er mit Seiner Auferstehung rechnete oder für sich selbst ein neues Grab kaufen wollte, kann ich nicht sagen. Am Tag, nachdem er begraben worden war, kam einer von den Priestern ins Präteritum und sagte, sie seien nervös, weil Seine Jünger planten, den Leichnam vom Jesus zu stehlen und zu verstecken, um es dann so aussehen zu lassen, als sei er von den Toten auferstanden, wie Er es vorhergesagt hatte und wovon sie vollkommen überzeugt waren.

Ich habe ihn zum Hauptmann der Palastwachen (Malchus) geschickt, um ihm auszurichten, er soll jüdische Soldaten nehmen und so viele, wie er braucht, um das Grab aufzustellen; falls dann irgend etwas passieren sollte, können sie sich selber die Schuld geben und nicht den Römern.

Als die große Aufregung über das Grab, das leer vorgefunden worden war, anfing, verspürte ich so große Besorgnis wie nie zuvor. Ich rief einen Mann namens Islam, der mir – so genau wie ich mich daran nur erinnern kann – folgende Umstände schilderte. Man sah ein weiches, schönes Licht über dem Grabmal. Er dachte zuerst, die Frauen wären gekommen, um den Leichnam Jesu einzubalsamieren, wie es ihren Sitten entspricht, aber er konnte sich nicht vorstellen, wie sie es durch die Wachen geschafft hätten. Während ihm diese Gedanken durch den Kopf gingen – siehe -, da wurde die ganze Stätte erleuchtet und es schien, als wäre eine Menge von Toten in ihren Grabtüchern da gewesen.

Alle schienen laut zu rufen und in Ekstase zu sein, während um sie herum und über ihnen die schönste Musik, die er je gehört hatte, zu hören war und die Luft erfüllt zu sein schien mit Stimmen, die Gott priesen. Die gesamte Zeit über schien sich die Erde zu drehen oder zu schwimmen, dass es ihm scheinbar schlecht wurde und er fast in Ohnmacht fiel; er konnte sich nicht auf den Füßen halten. Er sagte, die Erde schien unter ihm wegzuschwimmen und er verlor das Bewusstsein, so dass er nicht mehr wusste, was dann passierte.

In Matthäus 27,51-53 lesen wir: *„Und siehe, der Vorhang des Tempels zerriss in zwei Stücke, von oben bis unten; und die Erde erbebte, und die Felsen zerrissen, und die Grüfte öffneten sich, und viele Leiber der entschlafenen Heiligen wurden auferweckt, und sie gingen nach seiner Auferweckung aus den Grüften und gingen in die heilige Stadt und erschienen vielen."* Das deckt sich mit dem Zeugnis der römischen Wachen.

Nachdem er die Zeugnisse der römischen Wachen, die geistliche Phänomene beobachtet hatten, protokolliert hatte, merkte Pilatus am Ende seines Berichtes an: „Ich bin fast so weit zu sagen:‚Wahrlich, das war der Sohn Gottes."

Zahllose Zeugen des Herrn Jesus Christus

Nicht nur die Jünger Jesu, die Ihm während Seines öffentlichen Dienstes auf Erden gedient hatten, gaben Zeugnis über das Evangelium Jesu Christi ab. So wie Jesus es in Johannes 14,13 formulierte, wo wir lesen: *„Und was ihr bitten werdet in meinem Namen, das werde ich tun, damit der Vater verherrlicht werde im Sohn"*, haben zahllose Zeugen die Erhörung ihrer Gebete durch Gott erlebt und seit Seiner Auferstehung und Himmelfahrt Zeugnis über den lebendigen Gott und den Herrn Jesus Christus abgelegt.

Aber ihr werdet Kraft empfangen, wenn der Heilige Geist auf euch gekommen ist; und ihr werdet meine Zeugen sein, sowohl in Jerusalem als auch in ganz Judäa und Samaria und bis an das Ende der Erde (Apostelgeschichte 1,8).

Ich nahm den Herrn an, nachdem ich durch die Kraft Gottes von all meinen Krankheiten, gegen die die medizinische Wissenschaft völlig machtlos war, geheilt worden war. Später wurde ich zum Diener des Herrn Jesus Christus gesalbt. Seither predige ich das Evangelium allen Völkern und demonstriere Zeichen und Wunder.

Wie in den vorangegangenen Versen verheißen, sind viele Menschen zu Kindern Gottes geworden, indem sie den Heiligen Geist empfangen haben und ihr Leben dem Predigen des Evangeliums von Jesus Christus in der Kraft des Heiligen Geistes geweiht haben. Auf diese Art und Weise ist das Evangelium auf der ganzen Welt verbreitet worden und zahllose Menschen begegnen dem lebendigen Gott und nehmen Jesus Christus an.

Geht hin in die ganze Welt und predigt das Evangelium der ganzen Schöpfung! Wer gläubig geworden und getauft worden ist, wird gerettet werden; wer aber ungläubig ist, wird verdammt werden. Diese Zeichen aber werden denen folgen, die glauben: In meinem Namen werden sie Dämonen austreiben; sie werden in neuen Sprachen reden; werden Schlangen aufheben, und wenn sie etwas Tödliches trinken, wird es ihnen nicht schaden; Schwachen werden sie die Hände auflegen, und sie werden sich wohl befinden (Markus 16,15-18).

Grabeskirche oder Kirche vom Heiligen Grab auf dem Golgatha-Hügel in Jerusalem

Kapitel 2
Der von Gott gesandte Messias

Gott verheißt den Messias

Israel hat schon oft seine Souveränität verloren und litt beispielsweise unter den Invasionen und der Herrschaft der Perser und Römer. Durch Seine Propheten verhieß Gott viel über den Messias, der als König Israels kommen sollte. Es hätte für die leidenden Israeliten keine größere Hoffnungsquelle geben können als die Verheißungen Gottes über den Messias.

Denn ein Kind ist uns geboren, ein Sohn uns gegeben, und die Herrschaft ruht auf seiner Schulter; und man nennt seinen Namen: Wunderbarer Ratgeber, starker Gott, Vater der Ewigkeit, Fürst des Friedens. Groß ist die Herrschaft, und der Friede wird kein Ende haben auf dem Thron Davids und über seinem Königreich, es zu festigen und zu stützen durch Recht und Gerechtigkeit von nun an bis in Ewigkeit. Der Eifer des HERRN der Heerscharen wird dies tun (Jesaja 9,5-6).

Siehe, Tage kommen, spricht der HERR, da werde ich dem David einen gerechten Spross erwecken. Der wird als König regieren und verständig handeln und Recht und Gerechtigkeit im Land üben. In seinen Tagen wird Juda gerettet werden und Israel in Sicherheit wohnen. Und dies wird sein Name sein, mit dem man ihn nennen wird: „Der HERR, unsere Gerechtigkeit" (Jeremia 23,5-6).

Juble laut, Tochter Zion, jauchze, Tochter Jerusalem! Siehe, dein König kommt zu dir: Gerecht und siegreich ist er, demütig und auf einem Esel reitend, und zwar auf einem Fohlen, einem Jungen der Eselin. Und ich rotte die Streitwagen aus Ephraim und die Pferde aus Jerusalem aus, und der Kriegsbogen wird ausgerottet. Und er verkündet Frieden den Nationen. Und seine Herrschaft reicht von Meer zu Meer und vom Strom bis an die Enden der Erde (Sacharja 9,9-10).

Israel wartet bis zum heutigen Tag auf den Messias. Was verzögert die Ankunft des Messias, auf den Israel so sehr wartet? Viele Juden wollen eine Antwort auf diese Frage, aber die Antwort auf diese Frage liegt in der Tatsache begründet, dass sie nicht erkannt haben, dass der Messias schon gekommen ist.

Jesus, der Messias, litt so wie Jesaja es geweissagt hatte

Der Messias, den Gott Israel verheißen hatte und tatsächlich sandte, ist Jesus. Er wurde in Bethlehem in Judäa vor rund 2.000 Jahren geboren und dann kam die Stunde, in der Er am Kreuz starb, wieder auferstand und der Menschheit den Weg zur Errettung bahnte. Doch die Juden, die damals lebten, erkannten Jesus nicht als den Messias, auf den sie warteten, an. Der Grund war, dass Jesus ganz anders aussah als das Bild, was sie sich vom Messias gemacht hatten.

Die Juden waren der langen Zeiten unter Kolonialherrschaft überdrüssig und erwarteten, dass ein mächtiger Messias sie von den politischen Spannungen und Streitereien befreien würde. Sie dachten, der Messias würde als König von Israel kommen, alle Kriege beenden, sie von Verfolgung und Unterdrückung befreien, ihnen Frieden geben und sie über die Nationen erheben.

Doch Jesus kam nicht – wie es sich für einen König gebührt – mit Glanz und Gloria auf die Welt, sondern wurde als Sohn eines armen Zimmermanns geboren. Er kam noch nicht einmal, um Israel von der Herrschaft der Römer zu befreien oder um es in seinem früheren Glanz wieder herzustellen. Er kam auf diese Welt, um die Menschheit, die seit Adams Sünde der Zerstörung geweiht war, wieder herzustellen und um die Menschen zu Kindern Gottes zu machen.

Aus diesen Gründen erkannten die Juden in Jesus nicht den Messias und kreuzigten Ihn stattdessen. Wenn wir uns allerdings das Bild des Messias, wie es in der Bibel beschrieben wird, anschauen, können wir die Tatsache, dass Jesus der Messias ist, nur unterstreichen.

Er ist wie ein Trieb vor ihm aufgeschossen und wie ein Wurzelspross aus dürrem Erdreich. Er hatte keine Gestalt und keine Pracht. Und als wir ihn sahen, da hatte er kein Aussehen, dass wir Gefallen an ihm gefunden hätten. Er war verachtet und von den Menschen verlassen, ein Mann der Schmerzen und mit Leiden vertraut, wie einer, vor dem man das Gesicht verbirgt. Er war verachtet, und wir haben ihn nicht geachtet (Jesaja 53,2-3).

Gott kündigte den Israeliten an, dass der Messias, der König Israels, nicht staatsmännisch oder majestätisch erscheinen würde, um uns zu sich zu ziehen, sondern dass Er verachtet und von den Menschen verlassen werden würde. Dennoch erkannten die Israeliten Jesus nicht als Messias, den Gott ihnen verheißen hatte.

Er war von Gottes auserwähltem Volk verachtet und verlassen, doch Gott setzte Jesus Christus über alle Nationen ein und bis zum heutigen Tag haben ihn unzählige Menschen als Ihren Erretter angenommen.

So wie es im Psalm 118,22-23 steht: „*Der Stein, den die Bauleute verworfen haben, ist zum Eckstein geworden. Vom HERRN ist dies geschehen, es ist ein Wunder vor unseren Augen*", erwirkte Jesus, den Israel verlassen hatte, gemäß der Vorsehung die Errettung der Menschheit.

Jesus hatte nicht die Gestalt eines Messias, wie es sich das Volk

Israel vorgestellt hatte, doch wir wissen, dass Jesus der Messias ist, über den Gott durch Seine Propheten geweissagt hatte.

Alles, was Gott verheißen hatte – einschließlich Herrlichkeit, Frieden und Wiederherstellung – betrifft den geistlichen Bereich und Jesus, der auf die Welt kam, um den Auftrag als Messias zu erfüllen, sagte: *„Mein Reich ist nicht von dieser Welt"* (Johannes 18,36).

Der Messias, über den Gott weissagte, war kein König mit irdischer Autorität oder Herrlichkeit. Er sollte nicht nur auf die Welt kommen, damit die Kinder Gottes während ihres zeitlich begrenzten Aufenthaltes in dieser Welt Reichtum, Ruhm und Ehre genießen, sondern er kam, um Sein Volk von Sünde zu befreien und sie so zu führen und zu leiten, dass sie für immer ewige Freude und Herrlichkeit im Himmel genießen würden.

Und an jenem Tag wird es geschehen: der Wurzelspross Isais, der als Feldzeichen der Völker dasteht, nach ihm werden die Nationen fragen; und seine Ruhestätte wird Herrlichkeit sein (Jesaja 11,10).

Der verheißene Messias sollte nicht nur für die von Gott auserwählten Israeliten kommen, sondern um die verheißene Errettung zu erwirken – für alle, die Gottes Versprechen in Bezug auf den Messias im Glauben annehmen und in die Fußstapfen von Abrahams Glauben treten würden. Kurz gesagt: der Messias kam, um Gottes Verheißung – als Retter aller Nationen der Erde – zu erfüllen.

Alle Menschen brauchen einen Retter

Warum sollte der Messias nicht nur zur Rettung des Volkes Israel, sondern der ganzen Menschheit in die Welt kommen?

In 1. Mose 1,28 segnete Gott Adam und Eva und sagte ihnen: *„Seid fruchtbar und vermehrt euch, und füllt die Erde, und macht sie euch untertan; und herrscht über die Fische des Meeres und über die Vögel des Himmels und über alle Tiere, die sich auf der Erde regen!"*
Nachdem Er den ersten Menschen, Adam, geschaffen und ihn als Herrn über alle anderen Geschöpfe eingesetzt hatte, gab Gott dem Menschen die Autorität, sich die Erde „untertan" zu machen und sie zu „beherrschen". Doch als Adam vom Baum der Erkenntnis des Guten und des Bösen aß, was Gott ihm eindeutig verboten hatte, und die Sünde des Ungehorsams beging, als ihn die von Satan angestiftete Schlange versuchte, konnte Adam die ihm anvertraute Autorität nicht mehr ausüben.

Solange sie Gottes Wort der Gerechtigkeit gehorchten, waren Adam und Eva Sklaven der Gerechtigkeit und genossen die Autorität, die Gott ihnen anvertraut hatte; doch nachdem sie gesündigt hatten, wurden sie zu Sklaven der Sünde und des Teufels und waren gezwungen, die Autorität abzugeben (Römer 6,16). So wurde die ganze Autorität, die Adam von Gott empfangen hatte, an den Teufel übergeben.

In Lukas 4 versuchte der Feind Jesus, der gerade ein

vierzigtägiges Fasten beendet hatte, drei Mal. Der Teufel zeigte Jesus alle Königreiche der Welt und sagte zu Ihm: *„Dir will ich alle diese Macht und ihre Herrlichkeit geben; denn mir ist sie übergeben, und wem immer ich will, gebe ich sie. Wenn du nun vor mir anbeten willst, soll das alles dein sein"* (Lukas 4,6-7). Der Teufel impliziert damit, dass ihm die „Macht und ihre Herrlichkeit" von Adam „übergeben" worden war und dass er, der Teufel, sie auch jemand anderem übergeben konnte.

Ja, Adam verlor alle Autorität und übergab sie dem Teufel – und wurde dadurch zum Sklaven des Teufels. Seither hatte Adam unter der Kontrolle des Teufels immer mehr Sünden angehäuft und befand sich auf dem Pfad des Todes, denn der Tod ist der Lohn der Sünde. Das betraf nicht nur Adam, sondern alle seine Nachkommen, die die Sünde Adams erbten. Auch sie waren unter der Herrschaft der Sünde, vom Teufel regiert und dem Tode geweiht.

Das zeigt, warum das Kommen des Messias nötig war. Nicht nur Gottes auserwähltes Volk, sondern alle Völker brauchten einen Messias, der sie von der Herrschaft Satans retten konnte.

Voraussetzungen für den Messias

So, wie es in der Welt Gesetze gibt, gibt es auch im geistlichen Bereich Regeln und Vorschriften. Ob jemand zu Tode kommt oder die Vergebung seiner Sünden empfängt und die Errettung erlangt, hängt von den Gesetzen im geistlichen Bereich ab.

Welche Voraussetzungen muss jemand erfüllen, um der Messias zu werden und alle Menschen vom Fluch des Gesetzes zu befreien?

Was der Messias mitbringen musste, steht im Gesetz, dass Gott Seinem auserwählten Volk gab. Es handelt sich um das Lösegesetz.

Und das Land soll nicht endgültig verkauft werden, denn mir gehört das Land; denn Fremde und Beisassen seid ihr bei mir. Und im ganzen Land eures Eigentums sollt ihr für das Land Loskauf gestatten. Wenn dein Bruder verarmt und etwas von seinem Eigentum verkauft, dann soll als sein Löser sein nächster Verwandter kommen und das Verkaufte seines Bruders einlösen (3. Mose 25,23-25).

Das Lösegesetz birgt das Geheimnis über die Voraussetzungen des Messias

Gottes auserwähltes Volk, die Israeliten, hielten sich an das Gesetz. So hielten sie sich beim Kauf und Verkauf von Land genau an die Vorschriften über den Loskauf von Land, wie dies in der Bibel steht. Anders als in anderen Ländern stand – gemäß der Gesetze Israels – im jeweiligen Vertrag eindeutig, dass das Land nicht dauerhaft verkauft wurde, sondern später zurückgekauft werden konnte. Weiter steht im Gesetz, dass ein reicher Verwandter das Land für einen verarmten Angehörigen, der es verkauft hat, zurückkaufen kann. Wenn eine Person niemanden hat, der reich genug ist, um das Land zurückzukaufen, er aber selbst genug Geld gespart hat, um es auszulösen, gestattet das Gesetz dem ursprünglichen Landbesitzer, es für sich selbst wieder zurückzukaufen.

In welchem Zusammenhang steht nun das Gesetz über den Loskauf von Land im 3. Mose zu den Voraussetzungen für den Messias?

Um dies besser zu verstehen, dürfen wir nicht vergessen, dass der Mensch vom Staub der Erde gebildet wurde. Im 1. Mose 3,19 sagte Gott zu Adam: *„Im Schweiße deines Angesichts wirst du dein Brot essen, bis du zurückkehrst zum Erdboden, denn von ihm bist du genommen. Denn Staub bist du, und zum Staub wirst du zurückkehren!"* Im 1. Mose 3:23 steht: *„Und Gott, der HERR, schickte ihn aus dem Garten Eden hinaus, den*

Erdboden zu bebauen, von dem er genommen war."

Gott sagte zu Adam: „Denn Staub bist du." Der „Erdboden" bedeutet geistlich gesehen, dass der Mensch vom Staub gemacht wurde. Somit steht das Gesetz über den Kauf und Verkauf von Land direkt mit dem Gesetz des geistlichen Bereichs hinsichtlich der Rettung der Menschheit in Zusammenhang.

Gemäß dem Gesetz zum Loskauf von Land gehört Gott alles Land und kein Mensch kann es für immer verkaufen. Ebenso gehörte alle Autorität, die Adam von Gott bekommen hatte, ursprünglich Gott – und so konnte sie niemand für immer verkaufen. Wenn jemand verarmte und sein Land verkaufte, wurde das Land zurückgekauft, wenn die entsprechende Person auftauchte. So musste auch der Teufel die Autorität, die ihm Adam übergeben hatte, wieder zurückgeben, sobald jemand kam, der diese Autorität loskaufen konnte.

Aufgrund des Gesetzes zum Loskauf bereitete der Gott der Liebe und Gerechtigkeit jemanden vor, der die gesamte Autorität zurückholen konnte, die Adam dem Teufel überlassen hatte. Dieser Jemand war der Messias – und der Messias ist Jesus Christus, der schon in der Ewigkeit vorbereitet und dann von Gott selbst gesandt worden war.

Voraussetzungen für den Retter und wie Jesus Christus sie erfüllte

Lassen Sie uns untersuchen, warum Jesus – gemäß dem Gesetz über den Loskauf von Land – der Messias und Retter der gesamten Menschheit ist.

Zuerst einmal musste der Löser ein Verwandter sein; so musste auch der Retter ein Mensch sein, um die Menschen von ihrer Sünde zu erlösen, denn alle Menschen wurden durch die Sünde des ersten Adams Sünder. Im 3. Mose 25,25 steht: *„Wenn dein Bruder verarmt und etwas von seinem Eigentum verkauft, dann soll als sein Löser sein nächster Verwandter kommen und das Verkaufte seines Bruders einlösen."* Wenn jemand sein Land nicht mehr halten konnte und es verkaufte, konnte der nächste Verwandte dieses Land zurückkaufen. Da der erste Mensch gesündigt und die ihm von Gott anvertraute Autorität dem Teufel überlassen hatte, kann und muss auch das Zurückholen dieser Autorität durch einen Menschen geschehen – nämlich durch einen „Verwandten" von Adam.

Im 1. Korinther 15,21 lesen wir: *„[D]enn da ja durch einen Menschen der Tod kam, so auch durch einen Menschen die Auferstehung der Toten."* Das macht deutlich, dass die Erlösung von Sündern nicht von Engeln oder Tieren, sondern nur von einem Menschen gewirkt werden konnte. Wegen der Sünde Adams war die Menschheit auf den Pfad des Todes geraten – und nur jemand anderes konnte sie von ihrer Sünde erlösen – nämlich ein Mensch, und damit der nächste Verwandte von Adam.

Auch wenn Jesus neben seiner göttlichen Natur als Sohn

Gottes eine menschliche Natur hatte, wurde Er als Mensch geboren, um die Menschheit von ihren Sünden zu befreien (Johannes 1,14) und um Wachstum zu erleben. Als Mensch schlief Jesus, hatte Hunger und Durst, spürte Freude und Leid. Als Er am Kreuz hing, blutete Er und fühlte demgemäß auch Schmerzen.

Selbst historisch gesehen gibt es unleugbare Beweise für die Tatsache, dass Jesus als Mensch auf die Welt kam. Die Geburt Jesu war ein entscheidendes Ereignis in der Geschichte der Welt und seither berechnen wir das Datum als „v. Chr." oder „n. Chr." Mit „v. Chr." oder „vor Christi Geburt" beziehen wir uns auf die Zeit vor Seiner Geburt und mit „n. Chr." oder „nach Christus" beziehungsweise „Anno Domini" (also „im Jahre unseres Herrn") meinen wir die Zeit seit Jesu Geburt. Das unterstreicht die Tatsache, dass Jesus als Mensch auf die Welt kam. Somit erfüllt Er die erste Voraussetzung als Retter, denn Er kam als Mensch auf die Welt.

Zweitens: Konnte ein Löser das Land nicht zurückkaufen, wenn er arm war. So konnte auch kein Nachkomme Adams die Menschheit von ihren Sünden erlösen, weil Adam sündigte und alle seine Nachkommen die Sünde erbten. Somit kann der Retter aller Menschen kein Nachkomme Adams sein.

Wenn ein Bruder die Schulden seiner Schwester zurückzahlen wollte, konnte er selbst keine Schulden haben. Ebenso muss derjenige, der andere Menschen von ihrer Sünde erlöst, ohne Sünde sein. Wenn der Löser sein Sünder wäre, wäre auch er

Sklave der Sünde. Wie könnte er dann jemals andere Menschen von ihrer Sünde befreien?

Nachdem Adam die Sünde des Ungehorsams begangen hatte, erbten alle seine Nachkommen die sündige Natur. Darum konnte auch kein Nachkomme Adams der Retter sein.

Gemäß dem Fleisch ist Jesus ein Nachkomme Davids und Seine Eltern sind Josef und Maria. In Matthäus 1,20 lesen wir allerdings: *„Denn das in ihr Gezeugte ist von dem Heiligen Geist."*

Der Grund, warum jeder Mensch in Sünde geboren wird, liegt daran, dass er die sündigen Eigenschaften durch den Samen des Vaters und das Ei der Mutter erbt. Doch Jesus wurde nicht durch Josefs Samen oder Marias Ei gezeugt, sondern durch die Kraft des Heiligen Geistes. Der Grund dafür ist, dass sie schwanger war, bevor sie miteinander schliefen. Gott, der Allmächtige, kann dafür sorgen, dass ein Kind durch die Kraft des Heiligen Geistes empfangen wird, ohne dass Ei und Samen verschmelzen.

Jesus „borgte" sich praktisch nur den Leib der Jungfrau Maria. Da Er durch die Kraft des Heiligen Geistes empfangen wurde, erbte Jesus keinerlei Eigenschaften von Sündern. Jesus ist kein Nachkomme von Adam und somit ohne Erbsünde. Damit erfüllt Er die zweit Bedingung als Retter.

Drittens: So wie der Löser wohlhabend genug sein musste, um das Land zurückzukaufen, muss der Retter aller Menschen Kraft genug haben, den Teufel zu besiegen und die ganze

Menschheit von ihm befreien können.

Im 3. Mose 25,26-27 heißt es: *„Wenn aber jemand keinen Löser hat, und seine Hand bringt auf und findet, was zu seinem Loskauf ausreicht, dann soll er die Jahre seines Verkaufs berechnen und das, was darüber hinausgeht, dem Mann zurückzahlen, an den er verkauft hat, und so wieder zu seinem Eigentum kommen."* Mit anderen Worten: wenn jemand Land zurückkaufen will, braucht er die „Mittel", die dazu nötigen sind.

Um einen Kriegsgefangenen zu retten, muss eine Seite die Macht haben, den Feind zu besiegen und um die Schulden von anderen zurückzahlen zu können, ist es erforderlich, dass jemand dafür ausreichend finanzielle Mittel hat. Genauso gilt: Um die Menschen aus dem Machtbereich des Teufels zu befreien, musste der Retter die Kraft haben, den Teufel zu besiegen; nur so konnte er die Menschheit vor dem Feind retten.

Vor seiner Sünde hatte Adam die Macht, über alle Geschöpfe zu herrschen, aber danach geriet er selbst unter die Herrschaft des Teufels. Daraus können wir schließen, dass die Macht für den Sieg über den Teufel in Sündlosigkeit zu finden ist.

Jesus, der Sohn Gottes, war vollkommen sündlos. Da Jesus durch den Heiligen Geist gezeugt wurde und kein Nachkomme von Adam war, hatte Er auch keine Erbsünde. Und weil Er sich außerdem Sein ganzes Leben lang an die Gesetze Gottes hielt, beging Jesus auch keine einzige Sünde. Darum beschreibt der Apostel Petrus Jesus als den, *„der keine Sünde getan hat, auch ist kein Trug in seinem Mund gefunden worden, der, geschmäht,* *nicht wieder schmähte, leidend, nicht drohte, sondern sich dem übergab, der gerecht richtet"* (1. Petrus 2,22-23).

Da Er ohne Sünde war, hatte Jesus die Kraft und Autorität, den Teufel zu besiegen und Er hatte die Macht, die Menschheit vor dem Teufel zu retten. Die zahllosen Zeichen und Wunder, die Er wirkte, belegen dies. Jesus heilte Kranke, trieb Dämonen aus, machte Blinde sehend, Taube hörend und Lahme gehend. Er stillte sogar einen mächtigen Sturm und weckte Tote auf.

Die Tatsache, dass Jesus ohne Sünde war, wurde zweifelsfrei durch Seine Auferstehung bestätigt. Gemäß den Gesetzen im geistlichen Raum, müssen Sünder sterben (Römer 6,23). Doch weil Er ohne Sünde war, geriet Jesus nicht unter die Macht des Todes. Er hörte am Kreuz auf zu atmen und Sein Leichnam wurde ins Grab gelegt, doch am dritten Tag stand Er wieder auf.

Bedenken Sie, dass so große Väter des Glaubens wie Henoch und Elia in den Himmel entrückt wurden, ohne sterben zu müssen, weil sie ohne Sünde waren und sich vollkommen geheiligt hatten. So schüttelte auch Jesus am dritten Tag nach Seinem Begräbnis, die Macht des Teufels ab und wurde durch Seine Auferstehung zum Retter aller Menschen.

Viertens braucht der Löser Liebe, um das Land eines Verwandten zurückzukaufen; so brauchte auch der Retter der Menschheit Liebe, durch die Er Sein Leben für andere niederlegen konnte.

Selbst wenn der Retter die oben genannten, ersten drei Voraussetzungen mitbringt, aber keine Liebe hat, könnte er die gesamte Menschheit nicht retten. Nehmen wir an, ein Bruder hat 75.000 Euro Schulden und seine Schwester ist Multimillionärin. Ohne Liebe würde die Schwester die Schulden ihres Bruders nicht abbezahlen und ihr enormer Reichtum würde ihrem Bruder nichts nutzen.

Jesus kam als Mensch auf diese Welt, allerdings nicht als Nachkomme Adams, und Er hatte die Macht, den Teufel zu besiegen und alle Menschen vor ihm zu retten, weil Er keine Sünden begangen hatte. Doch wenn es Ihm an Liebe gemangelt hätte, hätte Jesus die Menschen nicht von ihren Sünden retten können. Dass Jesus die Menschen von ihren Sünden rettet, bedeutet, dass Er an ihrer Stelle die Todesstrafe auf sich nahm. Damit Jesus die Menschen von ihren Sünden retten konnte, musste Er gekreuzigt werden – als wäre Er einer der schlimmsten Sünder der Welt; Er musste Verachtung und Hohn erdulden und Wasser und Blut vergießen, bis Er starb. Doch die Liebe Jesu für den Menschen war glühend und Er war willig, die Menschheit zu retten; doch Jesus machte sich keine Sorgen über die Bestrafung in Form der Kreuzigung.

Warum musste Jesus an ein hölzernes Kreuz geschlagen werden und Sein Blut vergießen? Da im 5. Mose 21,23 steht: *„Denn ein Aufgehängter ist ein Fluch Gottes"*, und die Gesetze des geistlichen Raums vorgeben, dass „der Lohn der Sünde... der Tod" ist, wurde Jesus ans Holz geschlagen, um die Menschheit vom Fluch der Sünde, an den sie gebunden war, zu befreien.

Zudem lesen wir im 3. Mose 17,11: *„Denn die Seele des Fleisches ist im Blut, und ich selbst habe es euch auf den Altar gegeben, Sühnung für eure Seelen zu erwirken. Denn das Blut ist es, das Sühnung tut durch die Seele in ihm."* Ohne Blutvergießen gibt es keine Sündenvergebung.

Natürlich steht im 3. Mose, dass man Gott auch feines Mehl anstatt des Blutes von Opfertieren bringen kann. Dies galt allerdings nur für diejenigen, die es sich nicht leisten konnten, ein Tier zu opfern. Es war kein Blutsopfer; an dem hätte Gott gefallen gehabt. Jesus erlöste uns von unseren Sünden, als Er sich ans Kreuz schlagen ließ und Blut vergoss, bis Er starb.

Wie wunderbar doch die Liebe Jesu ist, dass Er Sein Blut am Kreuz vergoss und denen den Weg zur Errettung bahnte, die ihn verhöhnt und gekreuzigt hatten, obwohl Er die Menschen von allen möglichen Krankheiten geheilt, Fesseln der Gebundenheit gelöst und nur Gutes getan hatte.

Gemäß dem Gesetz zum Loskauf von Land, kommen wir zu dem Schluss, dass nur Jesus die Voraussetzungen als Retter erfüllt, der die ganze Welt von ihrer Sünde befreien kann.

Der lange vorbereitete Weg zur Errettung der Menschheit

Der Weg zur Errettung der Menschen öffnete sich, als Jesus am Kreuz starb und am dritten Tag nach Seinem Begräbnis wieder auferstand – und damit die Macht des Todes brach. Dass Jesus gemäß der Vorsehung zur Errettung der Menschheit kommen und der Messias werden würde, wurde schon zu der Zeit vorausgesagt, als Adam sündigte.

Im 1. Mose 3,15 sagte Gott zur Schlange, die die Frau in Versuchung geführt hatte: *„Und ich werde Feindschaft setzen zwischen dir und der Frau, zwischen deinem Samen und ihrem Samen; er wird dir den Kopf zermalmen, und du, du wirst ihm die Ferse zermalmen."* Hier steht die „Frau" symbolisch für Gottes auserwähltes Volk und „die Schlange" steht für den Feind, der sich Gott widersetzt. Dass der Same „der Frau" der Schlange „den Kopf zermalmt", bedeutet, dass der Retter der Menschen zu den Israeliten kommen und die Macht des Todes besiegen wird.

Eine Schlange verliert alle Kraft, wenn ihr Kopf verletzt ist. So teilte Gott der Schlange mit, dass der Same der Frau ihr das Haupt zermalmen würde; Er sagte voraus, dass der Christus der Menschheit aus Israel stammen und die Todesmacht des Teufels zerstören würde.

Weil ihm das bewusst wurde, wollte der Teufel den Samen der Frau töten, bevor Er seinen Kopf zermalmen würde. So glaubte der Teufel, er würde die ihm vom ungehorsamen Adam überreichte Autorität nur dann für immer genießen können, wenn er den Samen der Frau ermorden würde. Der Teufel wusste allerdings nicht, wer der Same der Frau sein würde und schmiedete deshalb schon seit der Zeit des Alten Testamentes Pläne, um treue, geliebte Propheten Gottes zu töten.

Als Mose geboren wurde, stiftete der Teufel den Pharao in Ägypten an, alle männlichen, von israelitischen Frauen geborenen Kinder zu töten (2. Mose 1,15-22) und als Jesus im Fleisch auf die Welt kam, wirkte der Feind im Herzen von König Herodes und ließ ihn alle kleinen Jungen bis zum Alter von zwei Jahren, die in Bethlehem und seiner Umgebung waren, töten. Aus diesem Grund griff Gott bei der Familie von Jesus ein und ließ sie nach Ägypten fliehen.

Danach wuchs Jesus unter der Obhut von Gott selbst auf und fing mit 30 Jahren Seinen Dienst an. Gemäß dem Willen Gottes war Jesus in ganz Galiläa unterwegs, predigte in den Synagogen und heilte alle möglichen Krankheiten, Er belebte die Toten wieder und predigte den Armen das Evangelium vom Königreich der Himmel.

Der Teufel stiftete die Hohenpriester, Schriftgelehrten und Pharisäer an und schmiedete seinen Plan, um Jesus von ihnen töten zu lassen. Doch die Bösen konnten keine Hand an Jesus anlegen, bis Gottes Zeitpunkt kam. Erst am Ende Seines drei Jahre währenden Dienstes ließ Gott zu, dass Jesus verhaftet und gekreuzigt wurde – um die Errettung der Menschheit durch die Kreuzigung zu ermöglichen.

Der römische Statthalter Pontius Pilatus gab dem Druck der Juden nach und verurteilte Jesus zum Kreuzestod. Römische Soldaten setzten Jesus die Dornenkrone auf und nagelten Ihn an Händen und Füßen ans Kreuz.

Kreuzigungen waren die grausamste Methode zur Exekution eines Verbrechers. Wie sehr muss sich der Teufel gefreut haben; als es ihm gelang, Jesus durch Menschenhand so grausam zu kreuzigen! Er rechnete nicht damit, dass irgendjemand oder irgendetwas ihn nun daran hindern würde, über die Erde zu herrschen; er muss vor Freude gesungen und getanzt haben. Doch die Vorsehung Gottes lautete anders:

> *[S]ondern wir reden Gottes Weisheit in einem Geheimnis, die verborgene, die Gott vorherbestimmt hat, vor den Zeitaltern, zu unserer Herrlichkeit. Keiner von den Fürsten dieses Zeitalters hat sie erkannt – denn wenn sie sie erkannt hätten, so würden sie wohl den Herrn der Herrlichkeit nicht gekreuzigt haben* (1. Korinther 2,7-8).

Da Gott gerecht ist, bricht Er bei der Ausübung Seiner absoluten Autorität nicht das Gesetz, sondern tut alles gemäß dem Gesetz im geistlichen Bereich.

Dementsprechend gilt: „*Denn der Lohn der Sünde ist der Tod*" (Römer 6,23). Wenn also ein Mensch nicht sündigt, kann er nicht zu Tode kommen. Doch der Teufel kreuzigte Jesus, der ohne Sünde, Makel oder Fehler war. Demnach brach der Teufel die Gesetze des geistlichen Bereichs und musste die Strafe zahlen, indem Er die Autorität zurückgeben musste, die er von Adam bekommen hatte, nachdem dieser die Sünde des Ungehorsams begangen hatte. Anders ausgedrückt war der Teufel nun gezwungen, all die Menschen loszulassen, die Jesus als ihren Retter annahmen und an Seinen Namen glaubten.

Wenn der Feind um die Weisheit Gottes gewusst hätte, hätte

er Jesus nie gekreuzigt. Doch weil er dieses Geheimnis nicht kannte, ließ er Jesus, der ohne Sünde war, töten und war fest überzeugt, dass dies seine Herrschaft auf der Erde für immer sicher stellen würde. Tatsache ist jedoch, dass der Teufel in seine eigene Falle tappte und dabei die Gesetze des geistlichen Bereichs bracht. Wie wunderbar doch die Weisheit Gottes ist!

Es stimmt: der Feind wurde zu einem Werkzeug Gottes, um die von Ihm geplante Rettung der Menschen zu erwirken und sein Haupt wurde, wie dies im 1. Mose vorhergesagt, vom Samen der Frau zermalmt.

Gemäß Gottes Vorsehung und Weisheit starb Jesus sündlos, um alle Menschen von ihren Sünden zu retten und als Er am dritten Tag auferstand, zerstörte Er die feindliche Macht des Todes und wurde König aller Könige und Herr aller Herrn. Er öffnete die Tür zur Errettung und nun können wir durch Glauben an Jesus Christus gerecht gesprochen werden.

So sind im Verlaufe der Geschichte der Menschheit zahllose Menschen durch ihren Glauben an Jesus Christus gerettet worden und noch heute nehmen viele Menschen den Herrn Jesus Christus an.

Den Heiligen Geist durch den Glauben an Jesus Christus empfangen

Warum empfangen wir die Errettung, wenn wir an Jesus Christus glauben? Wenn wir Jesus Christus als unseren Retter annehmen, empfangen wir den Heiligen Geist von Gott. Wenn wir den Heiligen Geist empfangen, wird unser Geist, der tot war, wiederbelebt. Da der Heilige Geist die Kraft und das Herz Gottes ist, führt Er Gottes Kinder in die Wahrheit und hilft Ihnen nach dem Willen Gottes zu leben.

So folgen die, die wahrlich an Jesus Christus als ihren Retter glauben, den Wünschen des Heiligen Geistes und streben danach, nach dem Wort Gottes zu leben. Sie trennen sich von Hass, Jähzorn, Eifersucht, Neid, Ehebruch und richten und verurteilen ihre Mitmenschen nicht mehr. Stattdessen wandeln sie in Güte und Wahrheit. Sie haben für andere Menschen Verständnis, dienen ihnen und lieben sie.

Wie bereits erwähnt starb der Geist des Menschen, als Adam vom Baum der Erkenntnis des Guten und des Bösen aß und so fand sich der Mensch auf dem Pfad der Zerstörung. Doch wenn wir den Heiligen Geist empfangen, wird unser Geist zum Leben erweckt und während wir danach trachten, die Wünsche des Heiligen Geistes herauszufinden und in der Wahrheit von Gottes Wort zu wandeln, werden wir Schritt für Schritt zu Menschen der Wahrheit und gleichen immer mehr dem einst verlorenen Ebenbild Gottes.

Wenn wir in Gottes Wort der Weisheit wandeln, wird unser Glauben als „echter Glauben" anerkannt und weil unsere Sünden mit dem Blut Jesu Christi entsprechend unserer Taten des Glaubens weggewaschen sind, empfangen wir die Errettung. Aus diesem Grund steht in 1. Johannes 1,7: *„Wenn wir aber im Licht wandeln, wie er im Licht ist, haben wir Gemeinschaft* *miteinander, und das Blut Jesu, seines Sohnes, reinigt uns von jeder Sünde."*

So erlangen wir unsere Errettung im Glauben, nachdem wir die Vergebung unserer Sünden empfangen haben. Doch wenn wir in Sünde leben, obwohl wir unseren Glauben bekennen, ist dieses Bekenntnis eine Lüge und so kann uns das Blut des Herrn Jesus Christus nicht von unseren Sünden retten und Er kann unsere Errettung nicht garantieren.

Natürlich ist das anders für Menschen, die Jesus Christus gerade angenommen haben. Selbst wenn sie noch nicht in der Wahrheit wandeln, wird Gott ihr Herz prüfen; Er wird glauben, dass sie sich verändern lassen und so leitet Er sie zur Errettung, wenn sie danach streben, in der Wahrheit zu wandeln.

Jesus erfüllt die Weissagungen

Gottes Worte über den Messias, die die Propheten vorhergesagt hatten, wurden in Jesus erfüllt. Jeder Aspekt im Leben Jesu – von Seiner Geburt über Seinem Dienst bis hin zu Seinem Tod, Seiner Kreuzigung und Auferstehung – entsprach dem Plan Gottes, damit Er der Messias und Retter aller Menschen werden konnte.

Jesus – von einer Jungfrau in Bethlehem geboren

Gott kündigte die Geburt Jesus durch den Propheten Jesaja an. Zu der von Gott festgesetzten Zeit kam die Kraft des Allerhöchsten über eine reine Frau namens Maria aus Nazareth in Galiläa und sie wurde bald schwanger.

Darum wird der Herr selbst euch ein Zeichen geben: Siehe, die Jungfrau wird schwanger werden und einen Sohn gebären und wird seinen Namen Immanuel nennen (Jesaja 7,14).

So wie Gott es Seinem Volk Israel verheißen hatte, sollte der Thron Davids und sein Königreich für immer bestand haben – und so kam der Messias durch Maria, die Josef heiraten sollte, also durch einen Nachkommen Davids. Da ein in Sünde geborener Nachkomme Adams die Menschheit nicht von ihren Sünden befreien konnte, erfüllte Gott die Weissagung, dass die Jungfrau Maria Jesus zur Welt bringen sollte, bevor sie und Josef heirateten.

Und du, Bethlehem Efrata, das du klein unter den Tausendschaften von Juda bist, aus dir wird mir der hervorgehen, der Herrscher über Israel sein soll; und seine Ursprünge sind von der Urzeit, von den Tagen der Ewigkeit her (Micha 5,1).

Die Bibel sagt die Geburt Jesu in Bethlehem voraus. Tatsächlich wurde Jesus während der Regierungszeit von König Herodes (Matthäus 2,1) in Bethlehem in Judäa geboren. Auch andere historische Dokumente belegen dies.

Als Jesus geboren wurde, fühlte sich Herodes in seiner Herrschaft bedroht und so versuchte er, Jesus zu töten. Weil es ihm nicht gelang, das Baby zu finden, ließ König Herodes alle kleinen Jungen in Bethlehem und Umgebung umbringen, die zwei Jahre oder jünger waren. So wurde in der ganzen Region geklagt und geweint.

Wenn Jesus nicht als wahrer König der Juden auf die Welt gekommen wäre, warum hätte dann ein anderer König so viele Kinder geopfert, um ein Baby umzubringen? Zu dieser Tragödie kam es, weil der Teufel den Messias töten wollte – und zwar aus

Angst, dass er seine Herrschaft über die Welt verlieren würde. So ließ der Feind König Herodes (der Angst bekam, dass er seine Krone verlieren würde) diese Grausamkeit begehen.

Jesus legt Zeugnis über den lebendigen Gott ab

Bevor Jesus Seinen Dienst begann, hielt Er sich die ersten 30 Jahre Seines Lebens immer ans Gesetz. Als Er alt genug war, Priester zu werden, begann Er Seinen Dienst, um zum Messias zu werden, wie dies seit Ewigkeiten geplant war.

Der Geist des Herrn, HERRN, ist auf mir; denn der HERR hat mich gesalbt. Er hat mich gesandt, den Elenden frohe Botschaft zu bringen, zu verbinden, die gebrochenen Herzens sind, Freilassung auszurufen den Gefangenen und Öffnung des Kerkers den Gebundenen, auszurufen das Gnadenjahr des HERRN und den Tag der Rache für unsern Gott, zu trösten alle Trauernden, den Trauernden Zions Frieden, ihnen Kopfschmuck statt Asche zu geben, Freudenöl statt Trauer, ein Ruhmesgewand statt eines verzagten Geistes, damit sie Terebinthen der Gerechtigkeit genannt werden, eine Pflanzung des HERRN, dass er sich durch sie verherrlicht (Jesaja 61,1-3).

In der oben stehenden Weissagung sehen wir, dass Jesus alle Probleme des Lebens mit der Kraft Gottes löste und die

Menschen mit gebrochenen Herzen tröstete. Als die von Gott bestimmte Zeit kam, begab sich Jesus nach Jerusalem, um dort zu leiden.

Juble laut, Tochter Zion, jauchze, Tochter Jerusalem! Siehe, dein König kommt zu dir: Gerecht und siegreich ist er, demütig und auf einem Esel reitend, und zwar auf einem Fohlen, einem Jungen der Eselin (Sacharja 9,9).

Nach der Weissagung Sacharjas kam Jesus auf einem Fohlen reitend in die Stadt Jerusalem. Dabei rief die Menge: *„Hosanna dem Sohn Davids! Gepriesen sei, der da kommt im Namen des Herrn! Hosanna in der Höhe!"* (Matthäus 21,9) und die ganze Stadt war in heller Aufregung. Die Leute freuten sich so, weil Jesus viele Zeichen und Wunder gewirkt hatte; Er war auf dem Wasser gewandelt und hatte Tote auferweckt. Doch bald darauf sollten sie ihn verleugnen und kreuzigen.

Als die Priester, die Pharisäer und Schriftgelehrten sahen, wie groß die Menschenmenge war, die Jesus folgte, um Seine Machtworte zu hören und zu sehen, wie sich Gottes Kraft manifestierte, fühlten sie sich in ihrer gesellschaftlichen Position gefährdet. Aus tiefstem Hass gegenüber Jesus planten sie Seine Ermordung. Sie fabrizierten alle möglichen falschen Beweismittel gegen Ihn und warfen Ihm vor, die Menschen aufzuhetzen. Jesus demonstrierte wunderbare Werke der Macht Gottes, die Er nicht hätte wirken können, wenn nicht Gott selbst mit Ihm gewesen wäre. Doch sie wollten sich Seiner entledigen. Am Ende überlieferte Ihn einer Seiner Jünger und die Priester bezahlten ihm dreißig Silberstücke dafür, dass er ihnen half Jesus festzunehmen. Sacharjas Weissagung über die Belohnung *("Und ich nahm die dreißig Silberschekel und warf sie in das Haus des HERRN dem Töpfer hin")* in Sacharja 11,12-13 ging in Erfüllung. Später konnte der Mann, der Jesus für 30 Silberstücke verraten hatte, seine Schuldgefühle nicht überwinden und warf das Geld in den Tempel; die Priester verwendeten es allerdings, um den Acker des Töpfers zu kaufen (Matthäus 27,3-10).

Das Leiden und der Tod Jesu

So wie der Prophet Jesaja es vorausgesagt hatte, litt Jesus, um alle Menschen zu retten. Weil Jesus auf die Welt kam, um gemäß dem Plan Gottes die Menschen von ihren Sünden zu retten, wurde Er gekreuzigt und starb an einem hölzernen Kreuz – dem Symbol für den Fluch – und wurde Gott als Sündopfer für die Menschheit dargebracht.

Jedoch unsere Leiden – er hat sie getragen, und unsere Schmerzen – er hat sie auf sich geladen. Wir aber, wir hielten ihn für bestraft, von Gott geschlagen und niedergebeugt. Doch er war durchbohrt um unserer Vergehen willen, zerschlagen um unserer Sünden willen. Die Strafe lag auf ihm zu unserm

Frieden, und durch seine Striemen ist uns Heilung geworden. Wir alle irrten umher wie Schafe, wir wandten uns jeder auf seinen eigenen Weg; aber der HERR ließ ihn treffen unser aller Schuld. Er wurde misshandelt, aber er beugte sich und tat seinen Mund nicht auf wie das Lamm, das zur Schlachtung geführt wird und wie ein Schaf, das stumm ist vor seinen Scherern; und er tat seinen Mund nicht auf. Aus Bedrängnis und Gericht wurde er hinweggenommen. Und wer wird über seine Generation nachsinnen? Denn er wurde abgeschnitten vom Lande der Lebendigen. Wegen des Vergehens seines Volkes hat ihn Strafe getroffen. Und man gab ihm bei Gottlosen sein Grab, aber bei einem Reichen ist er gewesen in seinem Tod, weil er kein Unrecht begangen hat und kein Trug in seinem Mund gewesen ist. Doch dem HERRN gefiel es, ihn zu zerschlagen. Er hat ihn leiden lassen. Wenn er sein Leben als Schuldopfer eingesetzt hat, wird er Nachkommen sehen, er wird seine Tage verlängern. Und was dem HERRN gefällt, wird durch seine Hand gelingen (Jesaja 53,4-10).

Zur Zeit des Alten Testaments wurde Gott immer dann das Blut von Tieren dargebracht, wenn ein Mensch gegen Ihn sündigte. Doch Jesus vergoss Sein reines Blut, ohne Erbsünde oder dass Er selbst gesündigt hatte; Er brachte ein Sündopfer, das für immer gilt, dar – so dass alle Menschen die Vergebung ihrer Sünden und ewiges Leben empfangen konnten (Hebräer 10,11-12). So bahnte Er den Weg für die Vergebung aller Sünden und die Errettung durch Glauben an Jesus Christus und nun brauchen wir nicht mehr das Blut von Tieren zu opfern.

Als Jesus am Kreuz Seinen Geist übergab, wurde der Vorhang des Tempels in zwei Stücke zerrissen, von oben bis unten (Matthäus 27,51). Der Vorhang war sehr groß und trennte das Allerheiligste vom Heiligtum. Kein gewöhnlicher Mensch durfte ins Allerheiligste, nur der Hohepriester konnte einmal im Jahr dort hineintreten.

Der Vorhang des Tempels zerriss von oben bis unten in zwei Stücke, das heißt, die Wand der Sünde, die zwischen Gott und uns stand, wurde zerstört, als Jesus sich selbst als Sühneopfer darbrachte. Im Alten Testament mussten die Hohepriester Gott für die Erlösung des Volkes von ihren Sünden Opfer bringen und für das Volk zu Ihm beten. Jetzt, da die Wand der Sünde, die im Weg gestanden hatte, zerstört worden ist, können wir selbst mit Gott kommunizieren. Anders ausgedrückt kann jeder, der an Jesus Christus glaubt, ins Allerheiligste Gottes gehen und Ihn dort anbeten und dort zu Ihm beten.

Darum werde ich ihm Anteil geben unter den Großen, und mit Gewaltigen wird er die Beute teilen: dafür, dass er seine Seele ausgeschüttet hat in den Tod und sich zu den Verbrechern zählen ließ. Er aber hat die Sünde vieler getragen und für die Verbrecher Fürbitte getan (Jesaja 53,12).

So wie der Prophet Jesaja das Leiden und die Kreuzigung des Messias im Voraus niedergeschrieben hatte, starb Jesus am Kreuz für die Sünden aller Menschen und wurde zu den Verbrechern gezählt. Noch während Er am Kreuz im Sterben lag, bat Er Gott, denen zu vergeben, die Ihn kreuzigten.

Vater, vergib ihnen! Denn sie wissen nicht, was sie tun (Lukas 23,34).

Als Er am Kreuz starb, ging die Prophezeiung des Psalmschreibers in Erfüllung: *„Er bewahrt alle seine Gebeine, nicht eines von ihnen wird zerbrochen"* (Psalm 34,21). Dies lesen wir in Johannes 19,32-33: *„Da kamen die Soldaten und brachen die Beine des ersten und des anderen, der mit ihm gekreuzigt war. Als sie aber zu Jesus kamen und sahen, dass er schon gestorben war, brachen sie ihm die Beine nicht."*

Jesus erfüllt Seinen Dienst als Messias

Jesus trug die Sünder der gesamten Menschheit ans Kreuz und starb für sie als Sündopfer, doch die Erfüllung der geplanten Errettung kam nicht durch den Tod Jesu.

Wie es in Psalm 16,10 heißt: *„Denn meine Seele wirst du dem Scheol nicht lassen, wirst nicht zugeben, dass dein Frommer die Grube sehe"*, und wie in Psalm 118,17 geweissagt wurde: *„Ich werde nicht sterben, sondern leben und die Taten Jahs erzählen"*, zerfiel Jesu Leichnam nicht und Er stand am dritten Tag wieder auf.

Des Weiteren steht in Psalm 68,19 eine Prophetie: *„Du bist zur Höhe emporgestiegen, hast Gefangene weggeführt; du hast Gaben empfangen unter den Menschen, auch den Widerspenstigen, damit Gott, der Herr, eine Wohnung habe"* *(Schlachterübersetzung)* und dementsprechend ist Jesus aufgestiegen in den Himmel und wartet auf die letzten Tage, um die Menschheitsgeschichte zu beenden und Sein Volk in den Himmel zu führen.

Man merkt schnell, dass alles, was Gott durch Seine Propheten über den Messias vorausgesagt hatte, durch Jesus Christus erfüllt wurde.

Jesu Tod und die Weissagungen über Israel

Gottes Auserwähltes Volk erkannte Jesus nicht als Messias an. Doch Gott hat das Volk, dass Er sich ausgesucht hatte, nicht verlassen, und bewirkt weiterhin die Erfüllung der Errettung Israels.

Sogar durch Jesu Kreuzigung prophezeite Gott die Zukunft für Israel – und zwar auf Grund Seiner tiefen Liebe und Seines Verlangens, dass das Volk an den von Ihm gesandten Messias glaubt und gerettet wird.

Jesus litt am Kreuz für Israel

Auch wenn der römische Statthalter Pontius Pilatus Jesus zur Kreuzigung verurteilte, waren es doch die Juden, die Pilatus überredeten, dieses Urteil zu fällen. Pilatus wusste, dass es keinen Grund dafür gab, Jesus zu töten, doch die Menschenmenge setzte ihn unter Druck, forderte laut Jesu Kreuzigung – und startete damit praktisch einen Aufstand.

Um seine Entscheidung, Jesus zu kreuzigen, zu stützen, nahm Pilatus Wasser, wusch sich vor der Menge die Hände und sagte: *„Ich bin unschuldig an dem Blut dieses Gerechten; seht ihr zu!"* (Matthäus 27,24). Daraufhin schrien die Juden: *„Sein Blut* *komme über uns und über unsere Kinder!"* (Matthäus 27,25).

Im Jahr 70 unseres Herrn fiel die Stadt Jerusalem unter dem römischen General Titus. Der Tempel wurde zerstört und die Überlebenden waren gezwungen, ihr Heimatland zu verlassen; so wurden sie überall hin zerstreut. Damals begann die Diaspora; sie dauerte fast 2.000 Jahre lang. Wie sehr das Volk Israel in der Zeit der Diaspora leiden musste, lässt sich nicht angemessen mit Worten beschreiben.

Als Jerusalem fiel, wurden rund 1,1 Millionen Juden ermordet; im Zweiten Weltkrieg wurden ungefähr 6 Millionen Juden von den Nazis massakriert. Als sie von den Nazis regelrecht abgeschlachtet wurden, mussten sie sich ausziehen – was an die Zeit erinnert, als Jesu nackt gekreuzigt wurde.

Natürlich kann Israel aus seiner Perspektive heraus argumentieren, dass sein Leiden nicht daher kommt, dass es Jesus kreuzigen ließ. Doch wenn man auf die Geschichte Israels zurückblickt, sieht man schnell, dass das Land Israel und sein Volk von Gott bewahrt wurde und aufblühte, solange es sich nach dem Willen Gottes richtete. Doch wenn sich die Israeliten von Gottes Willen entfernten, wurden sie gerichtet und mussten Leiden und Prüfungen durchmachen.

Daher wissen wir, dass Israel nicht grundlos litt. Wenn es in Gottes Augen richtig gewesen wäre, Jesus zu kreuzigen, warum hätte Gott Israel dann lange Zeit inmitten schier endloser und schwerer Leiden verharren lassen?

Jesus äußeres Gewand und Sein Untergewand – und die Zukunft Israels

Ein anderes Ereignis, dass auf künftige Dinge hinwies, die Israel erleben musste, fand an dem Ort statt, an dem Jesus gekreuzigt wurde. In Psalm 22,19 lesen wir: *„Sie teilen meine Kleider unter sich, und über mein Gewand werfen sie das Los."* Die römischen Soldaten nahmen Jesu Gewand und teilten es in vier Teile, eins für jeden Soldaten; doch um Sein Untergewand warfen sie das Los und so bekam es nur einer der Soldaten.

In welchem Zusammenhang steht dies mit der Zukunft Israels? Da Jesus der König der Juden ist, steht Sein äußeres Gewand geistlich gesehen für Gottes auserwähltes Volk, den Staat Israel und sein Volk. Als Jesu Gewand in vier geteilt wurde und damit nicht mehr wie ein Kleidungsstück aussah, deutete dies auf die Zerstörung des Staates Israel durch Rom und die Zerstreuung des Volkes hin. Dass jedoch das Material des Gewandes erhalten blieb, war ein Hinweis darauf, dass selbst in der Zeit, in der der Staat Israel verschwinden würde, der Name „Israel" erhalten bleiben sollte.

Welche Bedeutung hat die Tatsache, dass die römischen Soldaten Jesu äußeres Gewand in vier teilten und jedem der Soldaten ein Stück davon gaben? Dies bedeutet, dass das Volk Israel von Rom zerstört und zerstreut werden würde. Diese Prophezeiung wurde durch den Fall Jerusalems und die

Zerstörung des Staates Israel erfüllt, wodurch die Juden über weite Teile der Welt verstreut wurden.

Über Jesu Untergewand lesen wir in Johannes 19,23: *„Das Untergewand aber war ohne Naht, von obenan durchgewebt."* Die Tatsache, dass das Untergewand „ohne Naht" war, bedeutet, dass man für die Herstellung von diesem einen Gewand nicht verschiedene Lagen an Stoff genommen und zusammengenäht hatte.

Die meisten Menschen machen sich nicht viele Gedanken darüber, wie ihre Sachen gewebt worden sind. Warum stehen die Details über die Struktur von Jesu Untergewand in der Bibel? Darin steckt eine Weissagung über Ereignisse, die das Volk Israel erleben sollte.

Jesu Untergewand steht symbolisch für das Herz des Volkes Israel, das Herz, mit dem es Gott dient. Die Tatsache, dass das Untergewand „ohne Naht, von obenan durchgewebt" war, deutet darauf hin, dass die Einstellung im Volk Israel Gott gegenüber seit der Zeit seines Vorfahren Jakobs gleich geblieben ist und sich nicht ändert, egal wie die Umstände aussehen.

Nach der Zeit Abrahams, Isaaks und Jakobs bildeten die zwölf Stämme eine Nation und das Volk Israel hielt an seiner Reinheit als Nation fest, ohne mit den Heiden Mischehen einzugehen. Nach der Teilung des Königreichs in das Nordreich Israel und das Königreich von Juda im Süden gingen die Menschen im nördlichen Reich Mischehen ein, doch Juda blieb eine homogene Nation. Selbst heute noch bewahren sich die

Juden ihre Identität, die auf die Zeit der Väter des Glaubens zurückgeht.

Auch wenn das äußere Gewand von Jesus in vier geteilt wurde, blieb Sein Untergewand intakt. Selbst wenn der Staat Israel verschwände, würde das Herz des israelischen Volkes auf Gott gerichtet sein und sein Glaube an Ihn nicht ausgelöscht werden.

Weil die Juden ein solch standhaftes Herz haben, erwählte Gott sie als Sein auserwähltes Volk und lässt durch sie bis heute Seinen Plan und Willen in Erfüllung gehen. Obwohl inzwischen mehrere Jahrtausend vergangen sind, hält sich das Volk Israel strickt an das Gesetz. Der Grund ist, dass es das standhafte Herz Jakobs geerbt hat.

So schockte das Volk Israel die Welt auch fast 1.900 Jahre, nachdem es sein Land verloren hatte, mit seiner Unabhängigkeitserklärung und der Wiederherstellung des Staates am 14. Mai 1948.

Und ich werde euch aus den Nationen holen und euch aus allen Ländern sammeln und euch in euer Land bringen (Hesekiel 36,24).

Und ihr werdet in dem Land wohnen, das ich euren Vätern gegeben habe, und ihr werdet mir zum Volk, und ich, ich werde euch zum Gott sein (Hesekiel 36,28).

Im Alten Testament war vorhergesagt worden: „Nach vielen Tagen sollst du aufgeboten werden; am Ende der Jahre..." So kam das Volk Israel langsam nach Palästina zurück und gründete den Staat wieder (Hesekiel 38,8). Israel hat sich überdies zu einem der mächtigsten Länder entwickelt und damit gegenüber dem Rest der Welt seine überragenden Eigenschaften als Nation unterstrichen.

Gottes will, dass sich Israel auf Jesu Rückkehr vorbereitet

Gott wünscht sich, dass das wiederhergestellte Israel die Rückkehr des Messias erwartet und sich darauf vorbereitet. Jesus kam vor ungefähr 2.000 Jahren ins Land Israel, wirkte gemäß der Vorsehung alles für die Errettung der Menschen Notwendige und wurde ihr Retter und Messias. Als Er in den Himmel auffuhr, versprach Er zurückzukehren und nun möchte Gott, dass Sein auserwähltes Volk die Rückkehr des Messias mit echtem Glauben erwartet.

Wenn der Messias, Jesus Christus, wiederkommt, wird Er nicht in einen schäbigen Stall kommen oder am Kreuz nochmals leiden müssen wie vor 2.000 Jahren. Stattdessen wird Er als Befehlshaber der himmlischen Heerscharen und Engel erscheinen und als König aller Könige und Herr aller Herrn in der Herrlichkeit Gottes zurückkehren, so dass Ihn die ganze Welt sehen wird.

Siehe, er kommt mit den Wolken, und jedes Auge wird

ihn sehen, auch die, welche ihn durchstochen haben, und wehklagen werden seinetwegen alle Stämme der Erde. Ja, Amen (Offenbarung 1,7).

Wenn die vorbestimmte Zeit kommt, werden alle Menschen – gläubige wie ungläubige – die Rückkehr des Herrn in der Luft sehen. An jenem Tag werden alle, die an Jesus als den Retter der Menschheit glauben, in die Wolken entrückt werden und in der Luft am Hochzeitsmahl teilnehmen, alle anderen werden trauernd zurückgelassen.

So wie Gott den ersten Menschen, Adam, schuf und damit die Geschichte der Menschheit begann, wird diese definitiv auch wieder zu Ende gehen. So wie ein Bauer Samen sät und eine Ernte einholt, wird es auch eine Ernte der Menschheit geben. Gottes „Kultivierung" der Menschen wird bei der Rückkehr von Jesus Christus, dem Messias, abgeschlossen sein.

Jesus sagt uns in der Offenbarung 22,7: *„Und siehe, ich komme bald. Glückselig, der die Worte der Weissagung dieses Buches bewahrt!"* Unsere Zeit ist die der letzen Tage. In Seiner unermesslichen Liebe für Israel erleuchtet Gott Sein Volk immer wieder durch seine Geschichte, damit es den Messias annimmt. Gott wünscht sich von ganzem Herzen, dass nicht nur Sein auserwähltes Volk Israel, sondern alle Menschen Jesus Christus annehmen, bevor die Geschichte der Menschheit zu Ende geht.

Die den Christen als das Alte Testament bekannte hebräische Bibel

Kapitel 3

Der Gott, an den Israel glaubt

Das Gesetz und die Tradition

Während Gott Sein auserwähltes Volk Israel aus Ägypten heraus- und in das Verheißene Land Kanaan hineinführte, stieg Er auf den Gipfel des Berges Sinai herab. Dann erschien Gott, der HERR, dem Mose – der den Auszug anführte – und sagte ihm, dass die Priester sich heiligen sollten, wenn sich Gott nahen wollten. Auch gab Gott dem Volk durch Mose die Zehn Gebote und viele andere Gesetze.

Als Mose dem Volk offiziell alle Worte von Gott (Jahwe) sowie alle Bestimmungen mitgeteilt hatte, antworteten sie einmütig: „*Alle Worte, die der HERR geredet hat, wollen wir tun*" (2. Mose 24,3). Doch in der Zeit, in der sich Mose gemäß dem Ruf Gottes auf dem Berg Sinai befand, ließ das Volk von Aaron das Bild eines Kalbes anfertigen und beging die gravierende Sünde der Götzenanbetung.

Wie war es möglich, dass das von Gott auserwählte Volk solch eine schlimme Sünde beging? Alle Menschen sind Nachkommen Adams, der die Sünde des Ungehorsams beging, und so wird jeder Mensch mit einer sündigen Natur geboren. Sie werden zur Sünde genötigt, bevor sie sich durch die

Beschneidung des Herzens heiligen. Darum sandte Gott Seinen einzigen Sohn Jesus – und durch die Kreuzigung Jesu öffnete Er allen Menschen die Tür zur Vergebung ihrer Sünden.

Warum hat Gott dem Volk das Gesetz gegeben? Die Zehn Gebote, die Gott ihnen durch Mose gab, die Bestimmungen und Dekrete kennen wir als das Gesetz.

Durch das Gesetz führt Gott das Volk in ein Land, in dem Milch und Honig fließen

Gott gab dem Volk Israel auf dem Weg aus Ägypten das Gesetz, weil Er wollte, dass es den Segen genießen und in das Land Kanaan, wo Milch und Honig fließen, hineingehen konnte. Die Menschen bekamen das Gesetz direkt von Mose, doch sie hielten den Bund Gottes nicht und begingen viele Sünde, darunter Götzendienst und Ehebruch. Am Ende starben während der 40 Jahre, die sie in der Wüste verbrachten, die meisten in ihrer Sünde.

Die letzten Worte von Mose sind im 5. Buch Mose festgehalten; es handelt vom Bund Gottes und den Gesetzen. Als die erste Generation des Auszugs, außer Josua und Kaleb, gestorben und es für Mose an der Zeit war, das Volk Israel zu verlassen, forderte er die zweite und dritte Generation eindringlich auf, Gott zu lieben und Seinen Geboten zu gehorchen.

„Und nun, Israel, was fordert der HERR, dein Gott, von dir, als nur, den HERRN, deinen Gott, zu fürchten, auf allen seinen Wegen zu gehen und ihn zu lieben und dem HERRN, deinem Gott, zu dienen mit deinem ganzen Herzen und mit deiner ganzen Seele, indem du die Gebote des HERRN und seine Ordnungen, die ich dir heute gebe, hältst, dir zum Guten?" (5. Mose 10,12-13)

Gott gab ihnen das Gesetz, weil Er wollte, dass sie Ihm bereitwillig und von Herzen gehorsam waren und dass sie ihre Liebe für Gott mit ihrem Gehorsam bestätigten. Er gab es ihnen nicht, um sie einzuschränken oder irgendwie zu binden; stattdessen wollte Er ihre gehorsamen Herzen annehmen und sie segnen.

Und diese Worte, die ich dir heute gebiete, sollen in deinem Herzen sein. Und du sollst sie deinen Kindern einschärfen, und du sollst davon reden, wenn du in deinem Hause sitzt und wenn du auf dem Weg gehst, wenn du dich hinlegst und wenn du aufstehst. Und du sollst sie als Zeichen auf deine Hand binden, und sie sollen als Merkzeichen zwischen deinen Augen sein, und du sollst sie auf die Pfosten deines Hauses und an deine Tore schreiben (5. Mose 6,6-9).

Durch diese Verse sagte Gott ihnen, wie sie das Gesetz in

ihrem Herzen bewahren, es lehren und in die Praxis umsetzen konnten. Im Laufe der Zeit haben Menschen die Gebote und Weisungen Gottes in den fünf Büchern Mose auswendig gelernt und sich daran gehalten, doch dabei lag das Augenmerk darauf, das Einhalten von Gottes Gesetzen äußerlich sichtbar auszudrücken.

Das Gesetz und die Traditionen der Ältesten

Das Gesetz schrieb beispielsweise vor, den Sabbat zu heiligen; die Ältesten dachten sich dazu viele detaillierte Traditionen aus, die helfen sollten, die Gebote einzuhalten, beispielsweise durfte man keine automatischen Türen, Fahrstühle oder Rolltreppen benutzen oder Geschäftsbriefe, Reisepässe oder andere Päckchen öffnen. Wie entstanden diese Traditionen der Ältesten?

Als der Tempel Gottes zerstört und das Volk Israel in die babylonische Gefangenschaft verschleppt wurde, dachten sie, der Grund dafür war, dass sie Gott nicht von ganzem Herzen gehorcht hatten. Sie wollten Gott besser gehorchen und das Gesetz auf Situationen anwenden, die sich im Laufe der Geschichte verändern würden; darum erfanden sie viele strenge Regelungen.

Sie wurden zusammengestellt, um Gott von ganzem Herzen zu dienen. Anders ausgedrückt: sie schrieben viele strenge Regeln im Detail auf, um so alle Aspekte des Lebens abzudecken und damit das Gesetz täglich einhalten zu können.

Bisweilen waren diese Regeln darauf ausgerichtet, das Gesetz zu schützen. Doch im Verlaufe der Zeit kam ihnen die wahre, im Gesetz gemeinte Bedeutung abhanden und sie maßen dem äußerlichen Einhalten des Gesetzes größere Bedeutung bei, so dass sie vom eigentlichen Sinn des Gesetzes abwichen.

Gott schaut auf die Herzen derer, die das Gesetz einhalten, und akzeptiert sie; Sein Augenmerk liegt nicht allein auf dem äußerlichen Einhalten des Gesetzes. Er hat das Gesetz eingeführt, um nach denen zu suchen, die Ihn wirklich ehren, und um die zu segnen, die Ihm gehorchen. Zu Zeiten des Alten Testaments haben scheinbar viele Menschen das Gesetz eingehalten, doch es gab damals auch viele, die es brachen.

Wäre doch nur einer unter euch, der die beiden Torflügel zuschlösse, damit ihr nicht umsonst auf meinem Altar Feuer anzündet! Ich habe kein Gefallen an euch, spricht der HERR der Heerscharen, und an einer Opfergabe aus eurer Hand habe ich kein Wohlgefallen (Maleachi 1,10).

Als die Gesetzeslehrer und Ältesten Jesus verhöhnten und Seine Jünger verurteilten, taten sie dies nicht, weil Jesus und Seine Jünger dem Gesetz gegenüber ungehorsam gewesen wären, sondern weil sie die Traditionen der Ältesten gebrochen hatten.

Das ist im Matthäusevangelium sehr gut beschrieben.

Warum übertreten deine Jünger die Überlieferung der Ältesten? Denn sie waschen ihre Hände nicht, wenn sie Brot essen (Matthäus 15,2).

Da wies sie Jesus darauf hin, dass es nicht die Gebote Gottes waren, sondern die Überlieferungen der Ältesten, die nicht eingehalten worden waren. Natürlich ist es wichtig, das Gesetz auch äußerlich einzuhalten, aber es ist viel wichtiger, sich den wahren Willen Gottes, der im Gesetz eingebettet ist, bewusst zu machen.

Jesus antwortete ihnen:

Warum übertretet auch ihr das Gebot Gottes um eurer Überlieferung willen? Denn Gott hat gesagt: „Ehre den Vater und die Mutter!", und: „Wer Vater oder Mutter flucht, soll des Todes sterben." Ihr aber sagt: Wer zum Vater oder zur Mutter spricht: Eine Opfergabe sei das, was du von mir an Nutzen haben würdest, der braucht seinen Vater oder seine Mutter nicht zu ehren; und ihr habt so das Wort Gottes ungültig gemacht um eurer Überlieferung willen (Matthäus 15,3-6).

In den folgenden Versen fügt Jesus hinzu:

Heuchler! Treffend hat Jesaja über euch geweissagt, indem er spricht: „Dieses Volk ehrt mich mit den Lippen, aber ihr Herz ist weit entfernt von mir. Vergeblich aber verehren sie mich, indem sie als Lehren Menschengebote lehren" (Matthäus 15,7-9).

Nachdem Er die Volksmenge zu sich gerufen hatte, sagte Er:

Hört und versteht! Nicht was in den Mund hineingeht, verunreinigt den Menschen, sondern was aus dem Mund herausgeht, das verunreinigt den Menschen (Matthäus 15,10-11).

Kinder Gottes sollten ihre Eltern ehren, wie es in den Zehn Geboten steht. Doch die Pharisäer lehrten das Volk, dass Kinder, die ihren Eltern mit ihrem Besitz dienen sollen, von dieser Pflicht befreit werden können, wenn sie versprechen, dass ihr Besitz Gott geopfert wird. Sie verfassten so viele, überaus detaillierte Regeln, um selbst die kleinsten Bereiche des Lebens abzudecken, dass die Heiden nicht einmal versuchen brauchten, alle Überlieferungen der Ältesten einzuhalten. Die Schriftgelehrten waren der Ansicht, dass sie sich als Gottes auserwähltes Volk sehr gut machten.

Der Gott, an den Israel glaubt

Als Jesus am Sabbat die Kranken heilte, verurteilten Ihn die

Pharisäer, weil Er den Sabbat gebrochen hatte. Eines Tages ging Er in eine Synagoge und sah dort einen Mann, dessen Hand verdorrt war, vor den Pharisäern stehen. Jesus wollte sie alle wachrütteln und fragte sie:

Ist es erlaubt, am Sabbat Gutes zu tun oder Böses zu tun, das Leben zu retten oder zu töten? Sie aber schwiegen (Markus 3,4).

Welcher Mensch wird unter euch sein, der ein Schaf hat und, wenn dieses am Sabbat in eine Grube fällt, es nicht ergreift und herauszieht? Wie viel wertvoller ist nun ein Mensch als ein Schaf! Also ist es erlaubt, am Sabbat Gutes zu tun (Matthäus 12,11-12).

Da die Pharisäer so stark von den Rahmenbedingungen der Überlieferungen der Ältesten, von egoistischen Gedanken und einer ebensolchen Lebensweise geprägt waren, erkannten sie weder den echten Willen Gottes, der im Gesetz stand, noch Jesus, der als Retter auf die Erde gekommen war.

Jesus zeigte ihnen ihre Fehler oft und drängte sie, Buße zu tun und sich davon abzuwenden. Er warf ihnen vor, die echten Absichten Gottes, die Er ihnen durch das Gesetz aufgetragen hatte, vernachlässigt und verändert zu haben und nun beim Einhalten des Gesetzes an den äußerlichen Dingen festzukleben.

Wehe euch, Schriftgelehrte und Pharisäer, Heuchler! Denn ihr verzehntet die Minze und den Dill und den Kümmel und habt die wichtigeren Dinge des Gesetzes beiseite gelassen: das Recht und die Barmherzigkeit und den Glauben; diese hättet ihr tun und jene nicht lassen sollen (Matthäus 23,23).

Wehe euch, Schriftgelehrte und Pharisäer, Heuchler! Denn ihr reinigt das Äußere des Bechers und der Schüssel, inwendig aber sind sie voller Raub und Unenthaltsamkeit (Matthäus 23,25).

Das Volk Israel, das sich unter der Kontrolle des Römischen Reiches befand, hatte sich vorgestellt, dass der Messias mit großer Macht und Ehre kommen und in der Lage sein würde, es aus der Hand der Unterdrücker zu befreien und dann über alle Völker und Nationen zu herrschen.

Dann wurde ein Mensch geboren – sein Vater ein Zimmermann; er befasste sich mit denen, die von der Gesellschaft aufgegeben worden waren, mit Kranken und Sündern. Er nannte Gott „Vater" und sagte, dass *Er das Licht der Welt* sei. Als er sie wegen ihrer Sünden zurechtwies, trafen seine Worte diejenigen, die das Gesetz gemäß ihren eigenen Standards eingehalten und sich für gerecht erklärt hatten, tief im Herzen wie ein Messer. Später kreuzigten sie ihn ohne Grund.

Gott möchte, dass wir Liebe und Vergebung haben

Die Pharisäer hatten die Überlieferungen des Judentums schon lange eingehalten und ihnen waren ihre langjährigen Sitten und Traditionen so wichtig wie ihr Leben selbst. Sie behandelten die Steuereintreiber, die für das Römische Reich arbeiteten, wie Sünder und mieden sie.

In Matthäus 9 steht ab Vers 10, dass Jesus im Hause eines Zöllners namens Matthäus zum Essen war und dass dort viele Zöllner und Sünder mit Ihm und Seinen Jüngern aßen. Als die Pharisäer das sahen, sagten sie zu Seinen Jüngern: „Warum isst euer Lehrer mit den Zöllnern und Sündern?" Als Jesus hörte, wie sie Seine Jünger verurteilten, erläuterte Er ihnen etwas über das Herz Gottes. Gott schenkt Seine unendliche Liebe und Barmherzigkeit allen, die wegen ihrer Sünden von Herzen Buße tun und sich von ihnen abwenden.

In Matthäus 9,12-13 heißt es weiter: *„Als aber er es hörte, sprach er: Nicht die Starken brauchen einen Arzt, sondern die Kranken. Geht aber hin und lernt, was das ist: „Ich will Barmherzigkeit und nicht Schlachtopfer." Denn ich bin nicht gekommen, Gerechte zu rufen, sondern Sünder."*

Als die Bosheit der Bewohner von Ninive zum Himmel aufstieg, stand Gott kurz davor die Stadt zu zerstören. Doch davor sandte Er Seinen Propheten Jona dorthin, um die

Stadt wegen ihrer Sünden Buße tun zu lassen. Die Menschen fasteten und taten gründlich Buße und Gott rückte von Seiner Entscheidung, sie zu zerstören, ab. Doch die Pharisäer dachten, dass es für jemanden, der das Gesetz brach, nichts gab, außer gerichtet zu werden. Der wichtigste Teil des Gesetzes sind unendliche Liebe und Vergebung; aber die Pharisäer waren der Meinung, dass es richtiger und gewichtiger wäre, jemanden zu verurteilen, als ihm in Liebe zu vergeben.

So gilt auch für uns: Wenn wir das Herz Gottes, der uns das Gesetz gegeben hat, nicht begreifen, sind wir praktisch gezwungen, alles gemäß unserer eigenen Gedanken und Theorien zu beurteilen. Doch solche Urteile sind gegen Gott und als falsch einzustufen.

Der eigentliche Grund, warum Gott das Gesetz gab

Gott schuf Himmel und Erde und alles darin und den Menschen, um echte Kinder zu haben, die Sein Herz widerspiegeln würden. Darum sagte Gott Seinem Volk auch: *„seid heilig, denn ich bin heilig!"* (3. Mose 11,44). Er möchte, dass wir Ihn fürchten, wenn wir nicht gottgefällig handeln – oder es nur dem Anschein nach tun; aber wir werden schuldlos, indem wir das Böse aus unserem Herzen vertreiben.

Zu Jesu Zeiten waren die Pharisäer und Schriftgelehrten viel mehr an Opfern und Handlungen zum Erfüllen des Gesetzes interessiert als daran, ihre Herzen zu heiligen. Doch Gott hat mehr Gefallen an einem zerbrochenen und zerschlagenen Herz als an Opfern (Psalm 51,18-19); so gab Er uns das Gesetz, damit wir wegen unserer Sünden Buße tun und uns durch das Gesetz von ihnen abwenden können.

Gottes wahrer Wille – eingebetet im Gesetz des Alten Testaments

Man kann nicht einfach schlussfolgern, dass Israels Handlungen des Gehorsams gegenüber dem Gesetz ganz und gar ausschließen, dass es Gott auch liebte. Doch das, was Gott von den Juden wollte, war die Heiligung der Herzen und so wies Er sie durch den Propheten Jesaja ernsthaft in die Schranken:

„*Wozu soll mir die Menge eurer Schlachtopfer dienen?, spricht der HERR. Ich habe die Brandopfer von Widdern und das Fett der Mastkälber satt, und am Blut von Stieren, Lämmern und jungen Böcken habe ich kein Gefallen. Wenn ihr kommt, um vor meinem Angesicht zu erscheinen – wer hat das von eurer Hand gefordert, meine Vorhöfe zu zertreten? Bringt nicht länger nichtige Speisopfer! Das Räucherwerk ist mir ein Gräuel. Neumond und Sabbat, das Einberufen von Versammlungen: Sünde und Festversammlung ertrage ich nicht*" (Jesaja 1,11-13).

Das Gesetz in seinem wahrsten Sinne einzuhalten, besteht nicht in einer äußeren Handlung, sondern in einer inneren Willigkeit des Herzens. Gott hatte keinen Gefallen an all den Opfer, die ihm gewohnheitsmäßig dargebracht wurden – als oberflächliche Handlung beim Eintreten in die heiligen Höfe. Es war egal, wie viele Opfer sie gemäß dem Gesetz brachten; Er hatte keinen Gefallen daran, denn ihre Herzen waren nicht im Einklang mit dem Willen Gottes.

Das Gleiche gilt für unsere Gebete. Bei unseren Gebeten ist nicht nur das Beten an sich wichtig; viel wichtiger ist unsere Herzenshaltung dabei. Ein Psalmist schreibt in Psalm 66,18:

„Wenn ich es in meinem Herzen auf Götzendienst abgesehen hätte, so würde der Herr nicht hören." Gott ließ das Volk durch Jesus wissen, dass Er keinen Gefallen an heuchlerischen oder angeberischen Gebeten hat, sondern nur an ernsthaften Gebeten, die von Herzen kommen.

Und wenn ihr betet, sollt ihr nicht sein wie die Heuchler, denn sie lieben es, in den Synagogen und an den Ecken der Straßen stehend zu beten, damit sie von den Menschen gesehen werden. Wahrlich, ich sage euch, sie haben ihren Lohn dahin. Wenn du aber betest, so geh in deine Kammer, und wenn du deine Tür geschlossen hast, bete zu deinem Vater, der im Verborgenen ist! Und dein Vater, der im Verborgenen sieht, wird dir vergelten (Matthäus 6,5-6).

Das Gleiche gilt, wenn wir wegen unserer Sünden Buße tun. Wenn wir Buße tun, will Gott nicht, dass wir unsere Kleider zerreißen und mit Asche auf dem Haupt klagen, sondern dass wir unsere Herzen zerreißen und aus tiefstem Herzen Buße tun. Die bloße Handlung der Buße ist nicht wichtig, aber wenn wir von Herzen wegen unserer Sünden Buße tun und uns von ihnen abwenden, nimmt Gott das als Buße an.

Doch auch jetzt, spricht der HERR, kehrt um zu mir mit eurem ganzen Herzen und mit Fasten und mit Weinen und mit Klagen! Und zerreißt euer Herz und nicht eure Kleider und kehrt um zum HERRN, eurem Gott! Denn er ist gnädig und barmherzig, langsam zum Zorn und groß an Gnade, und lässt sich das Unheil gereuen" (Joel 2,12-13).

Anders ausgedrückt will Gott die Herzen derer annehmen, die das Gesetz in die Tat umsetzen, und nicht die Handlungen des Gehorsams an sich. Dies wird in der Bibel als die „Beschneidung des Herzens" beschrieben. Wir können unseren Körper durch das Abschneiden der Vorhaut beschneiden und wir können an der Vorhaut des Herzens beschnitten werden, wenn wir unser Herz beschneiden.

Die Beschneidung des Herzens, die Gott will

Worauf bezieht sich die Beschneidung des Herzens im Detail? Sie bezieht sich darauf, „alles mögliche Böse und allen Sünden, einschließlich Neid, Eifersucht, ein hitziges Temperament, Missstimmung, Ehebruch, Falschheit, Betrug, Richten und Verdammung vom Herzen abzuschneiden und zu verwerfen." Wenn Sie die Sünde und das Böse aus dem Herzen abtrennen und das Gesetz einhalten, nimmt Gott dies als vollkommenen Gehorsam an.

Beschneidet euch für den HERRN und entfernt die Vorhäute eurer Herzen, ihr Männer von Juda und ihr Bewohner von Jerusalem, damit mein Zorn nicht ausbricht wie ein Feuer und unauslöschlich brennt wegen der Bosheit eurer Taten! (Jeremia 4,4)

So beschneidet denn die Vorhaut eures Herzens und verhärtet euren Nacken nicht mehr (5. Mose 10,16)!

Ägypten und Juda und Edom und die Söhne Ammon und Moab und alle mit geschorenen Haarrändern, die in der Wüste wohnen. Denn alle Nationen sind unbeschnitten, und das ganze Haus Israel hat ein unbeschnittenes Herz (Jeremia 9,26).

Und der HERR, dein Gott, wird dein Herz und das Herz deiner Nachkommen beschneiden, damit du den HERRN, deinen Gott, liebst mit deinem ganzen Herzen und mit deiner ganzen Seele, dass du am Leben bleibst (5. Mose 30,6).

So drängt uns schon das Alte Testament häufig, unsere Herzen zu beschneiden, denn nur die, die am Herzen beschnitten sind, können Gott von ganzem Herzen und mit ihrer ganzen Seele lieben.

Gott will, dass Seine Kinder heilig und vollkommen sind. Im 1. Mose 17,1 sagte Gott zu Abraham, er solle „untadelig" sein und im 3. Mose 19,2 befahl Er dem Volk Israel „heilig" zu sein.

In Johannes 10,35 heißt es: *„Wenn er jene Götter nannte,*

an die das Wort Gottes erging – und die Schrift kann nicht aufgelöst werden –," und in 2. Petrus 1,4 steht: *"durch die er uns die kostbaren und größten Verheißungen geschenkt hat, damit ihr durch sie Teilhaber der göttlichen Natur werdet, die ihr dem Verderben, das durch die Begierde in der Welt ist, entflohen seid."*

Im Alten Testament wurden die Menschen durch das Befolgen der im Gesetz vorgeschriebenen Handlungen gerettet, während wir im Neuen Testament durch Glauben an Jesus Christus, der das Gesetz mit Liebe erfüllte, gerettet werden können.

Errettung durch Taten war zu Zeiten des Alten Testaments möglich, wenn sie ihre sündigen Wünsche, wie Mord, Hass, Ehebruch und Lügen, nicht in die Tat umsetzten. Im Alten Testament wohnte der Heilige Geist nicht in ihnen und so konnten sie ihre sündige Natur in ihrer eigenen Kraft nicht ablegen. Wenn sie also durch äußere Handlungen keine Sünde begingen, wurden sie nicht als Sünder eingestuft.

Doch im Neuen Testament können wir nur dann gerettet werden, wenn wir im Glauben unsere Herzen beschneiden. Der Heilige Geist überführt uns über Sünde, Gerechtigkeit und Gericht und hilft uns nach dem Wort Gottes zu leben, so dass wir Unwahrheiten und die sündige Natur ablegen und unser Herz beschneiden können.

Die Errettung durch den Glauben an Jesus Christus kommt

nicht nur, wenn man einfach weiß und glaubt, dass Jesus Christus der Retter ist. Nur wenn wir das Böse aus dem Herzen verbannen, weil wir Gott lieben und im Gauben in der Wahrheit wandeln, schätzt Gott unseren Glauben als echt ein und führt uns nicht nur in die komplette Errettung, sondern hin zu erstaunlichen Gebetserhörungen und Segnungen.

Wie man Gott gefällt

Es ist nur natürlich, dass ein Kind Gottes in seinen Handlungen nicht sündigt. Es ist auch normal, dass es Unwahrheiten und die sündige Natur des Herzens ablegt und der Heiligkeit Gottes ähnlich wird. Wenn Sie in Ihren Handlungen keine Sünden begehen, aber sündige Wünsche hegen, die Gott nicht gefallen, können Sie von Ihm nicht als gerecht eingestuft werden.

Darum steht in Matthäus 5,27-28 geschrieben: *„Ihr habt gehört, dass gesagt ist: Du sollst nicht ehebrechen. Ich aber sage euch, dass jeder, der eine Frau ansieht, sie zu begehren, schon Ehebruch mit ihr begangen hat in seinem Herzen."*

Und in 1. Johannes 3,15 steht: *„Jeder, der seinen Bruder hasst, ist ein Menschenmörder, und ihr wisst, dass kein Menschenmörder ewiges Leben bleibend in sich hat."*

Wie müssen Sie Ihren Feinden umgehen, die Ihnen mit Hass begegnen, wenn Sie Gott gefallen wollen?

Im Gesetz des Alten Testaments bekommen wir gesagt: *„Auge um Auge, Zahn um Zahn." Anders ausgedrückt besagt das Gesetz: „wie er einem Menschen einen Schaden zufügt, so soll ihm zugefügt werden"* (3. Mose 24,20). Dies war dazu gedacht, Menschen anhand von strengen Regelungen daran zu hindern, andere zu verletzen oder ihnen Schaden zuzufügen. Der Grund ist, dass Gott wusste, dass der Mensch aus seiner Bosheit heraus versuchen würde, dem anderen seine Bosheit noch stärker heimzuzahlen.

König David genoss den Ruf, ein Mensch nach dem Herzen Gottes zu sein. Als König Saul ihn töten wollte, zahlte es David König Saul nicht heim, dass er ihm oft Böses getan hatte; stattdessen behandelte er ihn bis zum Schluss gut. David hatte die echte Bedeutung des Gesetzes erkannt und lebte allein nach dem Wort Gottes.

Du sollst dich nicht rächen und den Kindern deines Volkes nichts nachtragen und sollst deinen Nächsten lieben wie dich selbst. Ich bin der HERR" (3. Mose 19,18).

Wenn dein Feind fällt, freue dich nicht, und wenn er stürzt, jauchze dein Herz nicht (Sprüche 24,17).

Wenn dein Hasser Hunger hat, gib ihm Brot zu essen, und wenn er Durst hat, gib ihm Wasser zu trinken! (Sprüche 25,21)

Ihr habt gehört, dass gesagt ist: Du sollst deinen Nächsten lieben und deinen Feind hassen. Ich aber sage euch: Liebt eure Feinde, und betet für die, die euch verfolgen (Matthäus 5,43-44).

Wenn man sich die Verse oben anschaut, sieht man, dass Gott keinen Wohlgefallen an jemandem hat, der das Gesetz scheinbar einhält, aber der Person, die ihm Probleme bereitete, nicht vergibt. Der Grund ist, dass Gott uns gesagt hat, dass wir unsere Feinde lieben sollen. Wenn Sie das Gesetz einhalten und Sie dies mit der Einstellung tun, die Gott in Ihrem Herzen sehen will, kann Gott Sie als jemanden einschätzen, der Seinem Wort vollkommen gehorcht.

Das Gesetz – Ein Zeichen der Liebe Gottes

Unser liebender Gott will uns mit unendlichen Segnungen beschenken, doch weil Er ein Gott der Gerechtigkeit ist, hat Er keine Wahl, als uns gemäß unserer Sünden dem Teufel zu überlassen. Darum leiden manche Gläubige an Krankheiten und haben Unfälle und erleben Katastrophen, wenn sie nicht nach dem Wort Gottes leben.

Gott hat uns in Seiner Liebe viele Befehle erteilt, um uns vor solchen Prüfungen und Schmerzen zu beschützen. Wie viele Anweisungen geben Eltern ihren Kindern, um sie vor

Krankheiten und Unfällen zu bewahren?

„Wasche deine Hände, wenn du heimkommst."
„Putze deine Zähne nach dem Essen."
„Schau nach links und rechts, wenn du über die Straße gehst."

So hat uns Gott in Seiner Liebe auch zu unserem Besten befohlen, Seine Befehle und Vorschriften einzuhalten (5. Mose 10,13). Wenn wir das Wort Gottes bewahren und in die Tat umsetzen, ist es wie eine Leuchte auf unserer Reise durchs Leben. Egal wie dunkel es ist, wir können mit einer Lampe sicher am Zielort ankommen. Genauso können wir beschützt werden und die Privilegien und Segnungen als Kinder Gottes genießen, wenn Gott – der Licht ist – in uns wohnt.

Wie sehr muss es doch Gott gefallen, Seinen Kindern, die Seinem Wort gehorchen, mit Seinen strahlenden Augen zu beschützen und ihnen all das zu geben, was sie erbitten! Solche Kinder können dann auch in dem Maße, wie sie das Wort Gottes bewahren und ihm gehorchen, ihre Herzen in reine, gute Herzen verwandeln, Gott ähnlich sein und die Fülle der Liebe Gottes spüren – was wiederum dazu führt, dass sie Ihn noch mehr lieben.

So ist das Gesetz, das Gott uns gegeben hat, wie ein Lehrbuch in Sachen Liebe, das uns den Weg weist für die schönsten Segnungen, die es für die Menschheit hier auf Erden geben kann. Das Gesetz Gottes erlegt uns keine Lasten auf, sondern schützt uns vor allen möglichen Katastrophen in dieser Welt, über die der Feind regiert. Es leitet uns auf dem Weg des Segens.

Jesus erfüllte das Gesetz der Liebe

Im 5. Mose 19,19-21 sehen wir, dass den Menschen im Alten Testament die Augen ausgerissen wurden, wenn sie damit Sünde begingen. Wenn sie mit ihren Händen oder Füßen sündigten, wurden ihnen die Hände oder Füße abgeschnitten. Wenn sie jemanden ermordeten oder Ehebruch begingen, wurden sie gesteinigt. Gemäß den Gesetzen im geistlichen Bereich ist das Resultat der Sünde der Tod. Darum bestrafte Gott diejenigen, die unverzeihliche Sünden begingen, hart. So wollte Er viele andere Menschen davor bewahren, die gleichen Sünden zu begehen.

Doch Gott hatte keinen vollkommenen Gefallen an dem Glauben, mit dem die Menschen am Gesetz hingen, in dem es hieß: „Auge um Auge, Zahn um Zahn." Stattdessen betonte Er im Alten Testament immer wieder, dass sie ihre Herzen beschneiden sollten. Er wollte nicht, dass Sein Volk durch das Gesetz Schmerzen erlitt. So sandte Er Jesus auf die Erde und ließ Ihn die Sünden aller Menschen auf sich nehmen und das Gesetz der Liebe erfüllen.

Ohne Jesu Kreuzigung müssten wir unsere Hände und Füße abschneiden, wenn wir mit den Händen oder Füßen sündigen. Doch Jesus nahm das Kreuz auf sich und vergoss Sein kostbares Blut, wobei Seine Hände und Füße durchbohrt wurden, um all unsere Sünden, die wir mit unseren Händen und Füßen begangen haben, wegzuwaschen. Nun brauchen wir unsere Hände und Füße nicht mehr abzuhacken, weil Er ein liebender Gott ist.

Jesus, der mit unserem liebenden Gott eins ist, kam auf die Erde und erfüllte das Gesetz der Liebe. Er lebte vorbildlich und hielt sich an alle Gesetze Gottes.

Und obwohl Er das Gesetz vollkommen einhielt, verurteilte Er diejenigen, die es nicht schafften, nicht. Er sagte nicht: „Du hast das Gesetz gebrochen und bist jetzt auf dem Weg des Todes." Stattdessen lehrte Er die Menschen Tag und Nacht die Wahrheit, damit so viele Seelen wie nur möglich Buße tun und gerettet werden konnten. Er arbeitete ununterbrochen, heilte Menschen und setzte die frei, die von Krankheiten, Leiden und Dämonen gefesselt waren.

Jesu Liebe wurde auf eine überragende Weise sichtbar, als die Schriftgelehrten und Pharisäer die beim Ehebruch ertappte Frau zu Ihm brachten und Gründe finden wollten, um Jesus anklagen zu können. Im 8. Kapitel im Johannesevangelium schleppten sie sie zu Ihm und fragten: *„In dem Gesetz aber hat uns Mose geboten, solche zu steinigen. Du nun, was sagst du?"* (Vers 5). Jesus antwortete ihnen: *„Wer von euch ohne Sünde ist, werfe als Erster einen Stein auf sie"* (Vers 7).

Mit Seiner Frage wollte Er sie wachrütteln und ihnen zeigen, dass nicht nur die Frau, sondern auch sie, die sie wegen

Ehebruchs anklagten und Gründe finden wollten, um Jesus etwas vorzuwerfen, vor Gott genauso Sünder waren und dass es sich niemand leisten kann, andere zu verdammen. Als die Leute das hörten, wurden sie von ihrem Gewissen überführt und einer nach dem anderen ging heim, angefangen beim Ältesten bis zum Jüngsten. Allein Jesus und die in der Mitte stehende Frau blieben übrig.

Jesus, der nur noch die Frau sah, sagte zu ihr: *„Frau, wo sind sie? Hat niemand dich verurteilt?"* (Vers 10) Darauf erwiderte sie: „Niemand, Herr." Und Jesus sagte zu ihr: *„Auch ich verurteile dich nicht. Geh hin und sündige von jetzt an nicht mehr!"* (Vers 11)

Als die Frau herbeigeschleppt und ihre unverzeihliche Sünde offenbar wurde, war sie von großer Furcht ergriffen. Können Sie sich vorstellen, wie viel Tränen sie tief gerührt aus Dankbarkeit vergossen haben muss, als Jesus ihr vergab? Jedes Mal, wenn sie sich an Seine Vergebung und Liebe erinnerte, wagte sie es nicht mehr, dass Gesetz noch einmal zu brechen und so konnte sie nicht mehr sündigen. Das war möglich geworden, weil ihr Jesus, der das Gesetz der Liebe erfüllt hatte, begegnet war.

Er erfüllte das Gesetz der Liebe nicht nur für jene Frau, sondern für alle Menschen. Er schonte sich nicht und legte Sein Leben für uns Sünder am Kreuz nieder – so wie Eltern ihr Leben geben, um ihre ertrinkenden Kinder zu retten.

Jesus war ohne Schuld und Fehler, der einzige Sohn Gottes, doch Er nahm alle Schmerzen auf sich, vergoss all Sein Blut und

Wasser und legte Sein Leben am Kreuz für uns Sünder nieder. Seine Kreuzigung war der Höhepunkt aller Liebesbeweise, die es je in der Geschichte der Menschheit gegeben hat.

Wenn diese Kraft Seiner Liebe über uns kommt, empfangen wir die Kraft, das Gesetz vollkommen einzuhalten. Dann können wir das Gesetz der Liebe so wie Jesus erfüllen. Wie viele Menschen auf der Welt hätten gerettet werden können, wenn Jesus das Gesetz der Liebe nicht erfüllt, die Menschen anhand des Gesetzes gerichtet und verdammt und Seine Augen von den Sündern abgewandt hätte? Keiner hätte gerettet werden können, denn in der Bibel geschrieben steht: *„Da ist kein Gerechter, auch nicht einer"* (Römer 3,10).

So sollten die Kinder Gottes, deren Sünden durch die große Liebe Gottes vergeben worden sind, nicht nur Ihn lieben, indem sie Seine Gebote aus einem demütigen Herzen heraus einhalten, sondern sie sollten auch ihre Nächsten lieben, ihnen dienen und vergeben.

Diejenigen, die andere gemäß dem Gesetz richten und verdammen

Jesus erfüllte das Gesetz mit Liebe und wurde zum Retter aller Menschen; doch was taten die Pharisäer, Schriftgelehrten und Gesetzeslehrer? Sie bestanden darauf, das Gesetz durch ihr Tun einzuhalten, anstatt ihre Herzen zu heiligen, wie Gott das wollte; und dabei dachten sie, sie hätten das Gesetz vollkommen eingehalten. Außerdem vergaben sie denen, die das Gesetz nicht einhielten, nicht, sondern richteten und verdammten sie.

Doch unser Gott will nicht, dass wir jemand anderen ohne Barmherzigkeit oder Liebe einfach richten oder verdammen. Genauso wenig will Er, dass wir uns abmühen, um das Gesetz einzuhalten, ohne die Liebe Gottes zu erleben. Wenn wir das Gesetz einhalten, aber weder das Herz Gottes verstehen, noch mit Liebe agieren, nützt uns das ganze Einhalten gar nichts.

Und wenn ich Weissagung habe und alle Geheimnisse und alle Erkenntnis weiß, und wenn ich allen Glauben habe, so dass ich Berge versetze, aber keine Liebe habe, so bin ich nichts. Und wenn ich alle meine Habe zur Speisung der Armen austeile und wenn ich meinen Leib hingebe, damit ich Ruhm gewinne, aber keine Liebe habe, so nützt es mir nichts (1. Korinther 13,2-3).

Gott ist Liebe und Er freut sich und segnet uns, wenn wir in Liebe handeln. Zu Jesu Zeiten hatten die Pharisäer keine Liebe in ihren Herzen, als sie das Gesetz einhielten und es nützte ihnen deshalb auch nichts. Sie richteten und verurteilten andere mit der Erkenntnis des Gesetzes, was dazu führte, dass sie von Gott weit weg blieben und endete schließlich mit der Kreuzigung von Gottes Sohn.

Wenn man den wahren, im Gesetz eingebetteten Willen Gottes versteht

Schon zu Zeiten des Alten Testaments gab es große Väter des Glaubens, die den wahren Willen Gottes im Gesetz verstanden. Zu den Vätern des Glaubens zählten Abraham, Josef, Mose, David und Elia; sie hielten das Gesetz nicht nur, sondern gaben auch ihre Bestes, um echte Kinder Gottes zu werden, indem sie ihre Herzen sorgfältig beschnitten.

Als aber Jesus von Gott als der Messias gesandt wurde, um den Juden etwas über den Gott Abrahams, den Gott Isaaks und den Gott Jakobs beizubringen, konnten sie Ihn nicht erkennen. Der Grund war, dass sie von den Überlieferungen der Ältesten und dem Einhalten äußerlicher Handlungen geblendet waren.

Um zu zeigen, dass Er der Sohn Gottes war, wirkte Jesus erstaunliche Wunder und Zeichen, die nur mit der Kraft Gottes möglich waren. Doch sie erkannten Jesus nicht und nahmen Ihn als Messias nicht an.

Allerdings war es für die Juden mit einem guten Herzen anders. Als sie Jesu Botschaften hörten, glaubten sie an Ihn und als sie die wunderbaren Zeichen, die Er wirkte, sahen, glaubten sie, dass Gott mit Ihm war. Im 3. Kapitel im Johannesevangelium kam ein Pharisäer namens Nikodemus eines Abends zu Jesus und sagte Folgendes zu Ihm:

Rabbi, wir wissen, dass du ein Lehrer bist, von Gott

gekommen, denn niemand kann diese Zeichen tun, die du tust, es sei denn Gott mit ihm (Johannes 3,2).

Ein liebevoller Gott wartet auf die Rückkehr Israels

Warum erkannten die meisten Juden Jesus, der als Retter auf die Welt kam, nicht? Sie hatten sich Richtlinien für das Gesetz ausgedacht und glaubten, sie würden Gott lieben und dienen. Aber sie waren nicht bereit, Dinge zu akzeptieren, die sich von ihren Richtlinien unterschieden.

Bis Paulus dem Herrn Jesus begegnete, war er der festen Überzeugung, dass das korrekte Einhalten des Gesetzes und der Überlieferungen der Ältesten bedeutete, dass jemand Gott liebte und Ihm diente. Darum erkannte er in Jesus nicht den Retter, sondern verfolgte Ihn und die, die an ihn glaubten. Nachdem er dem auferstandenen Herrn Jesus auf der Straße nach Damaskus begegnet war, zerbrachen seine vorgefertigten, menschlichen Richtlinien in tausend Stücke und er wurde ein Apostel des Herrn Jesus Christus. Von jenem Zeitpunkt an war er sogar bereit, sein Leben für den Herrn zu geben.

Der Wunsch, das Gesetz einzuhalten, ist das, was Juden kennzeichnet; das ist ihre Stärke als Gottes auserwähltes Volk. Wenn ihnen bewusst wird, dass der wahre Wille Gottes im Gesetz eingebettet ist, werden sie Gott mehr als alle anderen Menschen oder Rassen lieben können und sie werden Gott ihr ganzes Leben lang treu sein.

Als Gott das Volk Israel aus Ägypten herausführte, gab Er ihm alle Gesetze und Gebote durch Mose und sagte dem Volk, was es tun sollte. Er gab den Israeliten ein Versprechen; sie sollten Gott lieben, ihre Herzen beschneiden und nach Seinem Willen leben, dann würde Er bei Ihnen sein und ihnen erstaunliche Segnungen zuteil werden lassen.

Und du umkehrst zum HERRN, deinem Gott, und seiner Stimme gehorchst nach allem, was ich dir heute befehle, du und deine Kinder, mit deinem ganzen Herzen und mit deiner ganzen Seele, dann wird der HERR, dein Gott, dein Geschick wenden und sich über dich erbarmen. Und er wird dich wieder sammeln aus all den Völkern, wohin der HERR, dein Gott, dich zerstreut hat. Wenn deine Verstoßenen am Ende des Himmels wären, selbst von dort wird der HERR, dein Gott, dich sammeln, und von dort wird er dich holen. Und der HERR, dein Gott, wird dich in das Land bringen, das deine Väter in Besitz genommen haben, und du wirst es in Besitz nehmen. Und er wird dir Gutes tun und dich zahlreicher werden lassen als deine Väter. Und der HERR, dein Gott, wird dein Herz und das Herz deiner Nachkommen beschneiden, damit du den HERRN, deinen Gott, liebst mit deinem ganzen Herzen und mit deiner ganzen Seele, dass du am Leben bleibst. Und der HERR, dein Gott, wird all diese Flüche auf deine

Feinde und auf deine Hasser legen, die dir nachgejagt sind. Du aber, du wirst umkehren und der Stimme des HERRN gehorchen und wirst all seine Gebote tun, die ich dir heute befehle (5. Mose 30,2-8).

So wie es Gott in diesen Versen versprochen hatte, sammelte Er Sein auserwähltes Volk, dass auf der ganzen Welt verstreut war, wieder ein und ließ es ein paar Tausend Jahre später wieder in sein Land zurückkehren; Er setzte es auch hoch über all Nationen der Erde. Trotz alledem hat Israel Gottes große Liebe – ausgedrückt in der Kreuzigung und in Seinem erstaunlichen Plan für die menschliche Familie – nicht erkannt und hält sich immer noch äußerlich ans Gesetz und die Überlieferungen der Ältesten.

Die Liebe Gottes wartet sehnsüchtig darauf, dass die Menschen in Israel so bald wie möglich ihren verworrenen Glauben aufgeben, sich ändern und echte Kinder Gotte werden. Als erstes müssen sie ihre Herzen öffnen und Jesus, der von Gott als Retter der Menschheit geschickt wurde, annehmen und die Vergebung ihrer Sünden empfangen. Dann muss ihnen der echte Wille Gottes durch das Gesetz bewusst werden und sie müssen den echten Glauben erlangen, indem sie das Wort Gottes eifrig einhalten – und zwar durch die Beschneidung ihrer Herzen, um so die vollkommene Errettung zu erlangen.

Ich bete ernsthaft für Israel. Möge es das verlorene Bild Gottes durch den Glauben wiedererlangen, der Gott gefällt.

Mögen die Israelis zu Seinen wahren Kindern werden, damit sie all die Segnungen, die Gott ihnen verheißen hat, genießen und am Ende in Ewigkeit in der Herrlichkeit des Himmels leben können.

Der Felsendom, eine islamische Moschee, in der verlorenen Heiligen Stadt Jerusalem

Kapitel 4

Wachet und höret!

In Richtung Endzeit der Welt

Die Bibel erklärt uns den Anfang der Menschheitsgeschichte und ihr Ende. Seit ein paar Tausend Jahren erzählt uns Gott durch die Bibel die Geschichte der Menschheit. Sie begann mit Adam, dem ersten Menschen, und wird mit der Ankunft des Herrn in der Luft zu Ende gehen.

Wie spät ist es auf Gottes Uhr in der Menschheitsgeschichte? Wie viele Tage und Stunden bleiben, bis die letzte Glocke die letzten Augenblicke der Menschheit einläutet? Im Folgenden wollen wir uns anschauen, was ein liebender Gott geplant hat und wie Er Israel auf den Pfad der Errettung führen möchte.

Die Erfüllung von biblischen Weissagungen im Verlaufe der Menschheitsgeschichte

Es gibt in der Bibel viele Weissagungen und allesamt sind Worte von Gott, dem allmächtigen Schöpfer. So wie es in Jesaja 55,11 heißt: *„So wird mein Wort sein, das aus meinem Mund hervorgeht. Es wird nicht leer zu mir zurückkehren, sondern es wird bewirken, was mir gefällt, und ausführen, wozu ich es gesandt habe",* sind die Worte Gottes bisher alle in Erfüllung gegangen – und alle ausstehenden werden noch erfüllt werden.

Die Geschichte Israels bestätigt eindeutig, dass die biblischen Prophetien genauestens erfüllt worden sind – ohne den geringsten Fehler. Seine Geschichte hat sich so zugetragen, wie es in der Bibel festgehalten ist: die 400 Jahre, die Israel in Gefangenschaft verbrachte und sein Auszug aus Ägypten, sein Einzug in das Land Kanaan, wo Milch und Honig fließen, die Spaltung des Königreichs in zwei Teile – Israel und Juda – und ihre Zerstörung, die babylonische Gefangenschaft, Israels Heimkehr, die Geburt des Messias, die Kreuzigung des Messias, Israels Zerstörung und Zerstreuung in alle Nationen und die Wiederausrufung Israels als unabhängige Nation.

Die Geschichte der Menschheit kontrolliert Gott der Allmächtigen und wenn Er etwas Wichtiges tun wollte, sagte Er den Menschen im Voraus, was geschehen würde (Amos 3,7). Er sagte Noah, der ein gerechter, untadeliger Mann unter seinen Zeitgenossen war, dass eine große Flut die gesamte Erde zerstören würde. Er sagte Abraham, dass die Städte Sodom und Gomorra zerstört werden würden und Er ließ den Propheten Daniel und den Apostel Johannes wissen, was am Ende der Zeiten geschehen würde.

Die meisten der in der Bibel aufgezeichneten Weissagungen sind bereits genau in Erfüllung gegangen und die noch nicht erfüllten sind die Wiederkehr des Herrn und einige Dinge, die dem vorangehen werden.

Die Zeichen der Endzeit

Egal wie ernsthaft wir heute zu erklären versuchen, dass wir uns in der Endzeit befinden, wollen es viele Leute einfach nicht glauben. Anstatt es zu akzeptieren, meinen sie, dass die, die über die Endzeit reden, merkwürdig sind und so hören sie ihnen nicht zu. Sie denken, die Sonne geht weiter auf und unter, Menschen werden geboren und sterben und die Zivilisation geht einfach immer so weiter wie seit eh und je.

In der Bibel steht Folgendes über die Endzeit geschrieben: *„Und zuerst dies wisst, dass in den letzten Tagen Spötter mit Spötterei kommen werden, die nach ihren eigenen Begierden wandeln und sagen: Wo ist die Verheißung seiner Ankunft? Denn seitdem die Väter entschlafen sind, bleibt alles so von Anfang der Schöpfung an"* (2. Petrus 3,3-4).

Wenn ein Mensch geboren wird, gibt es für ihn auch eine Zeit zum Sterben. Genauso hat die Geschichte der Menschheit einen Anfang und ein Ende. Wenn die von Gott festgesetzte Zeit eintrifft, wird alles auf dieser Welt zu Ende gehen.

Und in jener Zeit wird Michael auftreten, der große Fürst, der für die Söhne deines Volkes eintritt. Und es wird eine Zeit der Bedrängnis sein, wie sie noch nie gewesen ist, seitdem irgendeine Nation entstand bis zu jener Zeit. Und in jener Zeit wird dein Volk gerettet werden, jeder, den man im Buch aufgeschrieben findet. Und viele von denen, die im Land des Staubes schlafen, werden aufwachen; die einen zu ewigem Leben und die anderen zur Schande, zu ewigem Abscheu. Und die Verständigen werden leuchten wie der Glanz der Himmelsfeste; und die, welche die vielen zur Gerechtigkeit gewiesen haben, leuchten wie die Sterne immer und ewig. Und du, Daniel, halte die Worte geheim und versiegle das Buch bis zur Zeit des Endes! Viele werden suchend umherstreifen, und die Erkenntnis wird sich mehren (Daniel 12,1-4).

Durch den Propheten Daniel sagte Gott voraus, was am Ende der Zeiten geschehen würde. Manche sagen, die Weissagungen Daniels sind schon in der Vergangenheit in Erfüllung gegangen. Doch diese Weissagung wird erst ganz am Ende der Geschichte der Menschheit vollkommen erfüllt werden – und das entspricht haargenau den Anzeichen für die letzten Tage, die im Neuen Testament niedergeschrieben sind.

Diese Prophetie Daniels bezieht sich auf die Wiederkehr des Herrn. In Vers 1 heißt es: „*Und es wird eine Zeit der Bedrängnis sein, wie sie noch nie gewesen ist, seitdem irgendeine Nation entstand bis zu jener Zeit. Und in jener Zeit wird dein Volk gerettet werden, jeder, den man im Buch aufgeschrieben findet.*" Hier geht es um die siebenjährige Bedrängnis, die am Ende der Zeit eintreffen wird, und um die, die gerade noch so errettet werden.

In der zweiten Hälfte von Vers 4 heißt es: „*Viele werden suchend umherstreifen, und die Erkenntnis wird sich mehren.*" Das beschreibt den Alltag der Menschen, die heute leben. Demnach geht es in diesen Weissagungen Daniels nicht um die Zerstörung Israels, die sich im Jahr 70 n. Chr. ereignete, sondern um die Zeichen der Endzeit.

Jesus sprach mit Seinen Jüngern im Detail über die Zeichen der Endzeit. In Matthäus 24,6-7, 11-12 sagte Er: „*Ihr werdet aber von Kriegen und Kriegsgerüchten hören... Denn es wird sich Nation gegen Nation erheben und Königreich gegen Königreich, und es werden Hungersnöte und Erdbeben da und dort sein... Viele falsche Propheten werden aufstehen und werden viele verführen;... weil die Gesetzlosigkeit überhandnimmt, wird die Liebe der meisten erkalten.*"

Wie ist die Lage in der Welt heute? Man hört Nachrichten über Kriege und Kriegsgerüchte; Terrorismus nimmt täglich zu. Nationen kämpfen gegen einander und Königreiche erheben sich gegeneinander. Es gibt viele Hungersnöte und Erdbeben, zahlreiche andere Naturkatastrophen und von ungewöhnlichem Wetter verursachte Desaster. Außerdem herrscht auf dem gesamten Globus Gesetzlosigkeit, es grassieren Sünde und das Böse auf der ganzen Welt und die Liebe der Menschen erkaltet.

Das Gleiche steht im 2. Brief an Timotheus.

Dies aber wisse, dass in den letzten Tagen schwere Zeiten eintreten werden; denn die Menschen werden selbstsüchtig sein, geldliebend, prahlerisch, hochmütig, Lästerer, den Eltern ungehorsam, undankbar, unheilig, lieblos, unversöhnlich, Verleumder, unenthaltsam, grausam, das Gute nicht liebend, Verräter, unbesonnen, aufgeblasen, mehr das Vergnügen liebend als Gott, die eine Form der Gottseligkeit haben, deren Kraft aber verleugnen. Und von diesen wende dich weg! (2. Timotheus 3,1-5)

Heute mögen die Menschen nicht das Gute, sondern lieben Geld und Vergnügen. Sie suchen nach dem, was ihnen nützt, und begehen schreckliche Sünden, wie Mord und Brandstiftung – ohne zu zögern und ohne, dass es ihrem Gewissen etwas ausmachen würde. Diese Dinge geschehen in einem solch großen Ausmaß um uns herum, dass die Herzen der Menschen dem gegenüber so stark abstumpfen, dass die meisten von nichts mehr überrascht sind. Wenn wir all das betrachten, können wir nicht leugnen, dass sich die Geschichte der Menschheit dem Ende zuneigt.

Sogar die Geschichte Israels deutet auf die Wiederkehr des Herrn und die Endzeit hin.

In Matthäus 24,32-33 heißt es: „*Von dem Feigenbaum aber lernt das Gleichnis: Wenn sein Zweig schon weich geworden ist und die Blätter hervortreibt, so erkennt ihr, dass der*

Sommer nahe ist. So sollt auch ihr, wenn ihr dies alles seht, erkennen, dass es nahe an der Tür ist."

Der „Feigenbaum" an dieser Stelle deutet auf Israel. Im Winter sieht ein Baum vielleicht tot aus, aber wenn der Frühling kommt, treibt er wieder, seine Äste wachsen und neue Blätter kommen zum Vorschein. Ähnlich erging es Israel nach seiner Zerstörung im Jahr 70 n. Chr. Danach schien es, als sei Israel 2.000 Jahre verschwunden gewesen. Doch als der von Gott gewählte Zeitpunkt gekommen war, gab der Staat Israel am 14. Mai 1948 seine Unabhängigkeitserklärung heraus.

Noch wichtiger ist, dass die Unabhängigkeit Israels auf die baldige Rückkehr von Jesus Christus hindeutet. So sollte Israel begreifen, dass der Messias, auf den es noch wartet, schon vor 2.000 Jahren auf die Erde kam und die Menschheit rettete, und dass Jesus, der Retter, früher oder später als Richter auf die Erde zurückkehren wird.

Was wird mit uns, die wir in den letzten Tagen leben, gemäß den Prophetien in der Bibel geschehen?

Die Ankunft des Herrn in der Luft und die Entrückung

Vor ca. 2.000 Jahren wurde Jesus gekreuzigt und stand am dritten Tag auf, indem Er die Macht des Todes brach; danach wurde Er in den Himmel aufgenommen und viele Menschen sahen, wie Er auffuhr.

Männer von Galiläa, was steht ihr und seht hinauf zum Himmel? Dieser Jesus, der von euch weg in den Himmel aufgenommen worden ist, wird so kommen, wie ihr ihn habt hingehen sehen in den Himmel (Apostelgeschichte 1,11).

Der Herr Jesus öffnete durch Seine Kreuzigung und Auferstehung für die Menschen das Tor zur Errettung; dann wurde Er in den Himmel aufgehoben und setzte sich zur Rechten Gottes. Nun bereitet Er denen eine himmlische Wohnung vor, die gerettet worden sind. Wenn die Geschichte der Menschheit zum Ende kommt, wird Er wiederkehren, um uns heimzuholen. Sein zweites Kommen ist im 1. Thessalonicher 4,16-17 gut beschrieben.

Denn der Herr selbst wird beim Befehlsruf, bei der Stimme eines Erzengels und bei dem Schall der Posaune Gottes herabkommen vom Himmel, und die Toten in Christus werden zuerst auferstehen; danach werden wir, die Lebenden, die übrig bleiben, zugleich mit ihnen entrückt werden in Wolken dem Herrn entgegen in die Luft; und so werden wir allezeit beim Herrn sein.

Was für eine majestätische Szene es ist, wenn der Herr in der Luft auf den Wolken der Herrlichkeit kommt, begleitet von unzähligen Engeln und den himmlischen Heerscharen! Die, die gerettet worden sind, werden unvergängliche, geistliche Leiber bekommen und dem Herrn in der Luft begegnen. Anschließend werden wir das siebenjährige Hochzeitsmahl mit dem Herrn, unserem Bräutigam der Ewigkeit, feiern.

Die erretteten Menschen werden aufgehoben und dem Herrn in der Luft begegnen, was wir als „Entrückung" bezeichnen. Mit dem Königreich der Luft ist der zweite Himmel gemeint, den Gott für das sieben Jahre währende Hochzeitsfest vorbereitet hat.

Gott hat den geistlichen Bereich in verschiedene Teile aufgeteilt, einer davon ist der zweite Himmel. Dort gibt es auch zwei Gebiete – Eden, die Welt des Lichts – und die Welt der Dunkelheit. In einem Teil der Welt des Lichtes, gibt es einen besonderen Ort für das Hochzeitsmahl, das sieben Jahre dauern wird.

Die Menschen, die sich mit Glauben gekleidet haben, um in dieser sündigen und bösen Welt die Errettung zu erlangen, werden als Braut des Herrn in die Luft entrückt, begegnen dem Herrn und genießen dann sieben Jahre lang das Hochzeitsfest.

Lasst uns fröhlich sein und jubeln und ihm die Ehre geben; denn die Hochzeit des Lammes ist gekommen, und seine Frau hat sich bereitgemacht. Und ihr wurde gegeben, dass sie sich kleide in feine Leinwand, glänzend, rein; denn die feine Leinwand sind die gerechten Taten der Heiligen. Und er spricht zu mir: Schreibe: Glückselig, die eingeladen sind zum Hochzeitsmahl des Lammes! Und er spricht zu mir: Dies sind die wahrhaftigen Worte Gottes (Offenbarung 19,7-9).

Die Entrückten werden beim Hochzeitsfest mit dem Herrn getröstet werden, denn sie haben die Welt im Glauben überwunden. Dagegen werden die, die nicht in die Luft aufsteigen, in der Zeit der Bedrängnis unbeschreiblich leiden – wegen der bösen Geister, die bei der Wiederkunft des Herrn in der Luft auf die Erde getrieben werden.

Die sieben Jahre lange große Bedrängnis

In der Zeit, in der die Geretteten das siebenjährige Hochzeitsfest in der Luft genießen und vom glücklichen Leben im Himmel träumen, wird auf der ganzen Erde die schlimmste Bedrängnis herrschen, die die Menschheit je gesehen hat; schreckliche Dinge werden geschehen.

Wie wird die sieben Jahre währende Bedrängnis beginnen? Da unser Herr in der Luft zurückkehrt und so viele Menschen gleichzeitig dorthin entrückt, werden die auf der Erde zurückgebliebenen Menschen voller Panik sein, geschockt über das Verschwinden ihrer Familien, Freunde und Nachbarn; sie werden auf der Suche nach ihnen umherirren.

Rasch wird ihnen klar werden, dass die Entrückung, von der

die Christen sprachen, tatsächlich passiert ist. Sie werden bei dem Gedanken an die siebenjährige große Bedrängnis, die über sie hereinbrechen wird, furchtbare Angst leiden. Sie werden überwältigt werden von schrecklichen Ängsten und Panik. Wenn Piloten, Kapitäne und Fahrer von Zügen, Autos und anderen Fahrzeugen in den Himmel entrückt werden, werden sich viele Verkehrsunfälle und Brände ereignen; Gebäude werden einstürzen und auf der Welt werden Chaos und Unordnung herrschen.

Dann wird ein Mensch auftauchen, die Frieden und Ordnung auf die Welt bringt. Er wird die Europäische Union leiten. Er wird Politiker, Wirtschaftsleute und militärische Organisationen zwingen, zusammen zu kommen und mit dieser vereinten Macht wird er auf der Welt für Ordnung sorgen, Frieden bringen und der Menschheit Stabilität geben. Darum werden sich so viele über seinen Auftritt auf der Weltbühne freuen. Viele werden ihn enthusiastisch willkommen heißen, loyal unterstützen und ihm aktiv helfen.

Er wird der Antichrist sein, der laut der Bibel die siebenjährige Bedrängnis anführt. Zunächst wird er allerdings eine Weile lang als „Botschafter des Friedens" auftreten. Der Antichrist wird am Anfang der Bedrängnis Frieden und Ordnung bringen. Das Werkzeug, das er einsetzen wird, um Weltfrieden zu stiften, ist das Zeichen des Tieres, die „666", wie es in der Bibel heißt.

Und es bringt alle dahin, die Kleinen und die Großen, und die Reichen und die Armen, und die Freien und die Sklaven, dass man ihnen ein Malzeichen an ihre rechte Hand oder an ihre Stirn gibt; und dass niemand kaufen oder verkaufen kann, als nur der, welcher das Malzeichen hat, den Namen des Tieres oder die Zahl seines Namens. Hier ist die Weisheit. Wer Verständnis hat, berechne die Zahl des Tieres! Denn es ist eines Menschen Zahl; und seine Zahl ist 666 (Offenbarung 13:16-18).

Was ist das Zeichen des Tieres?

Das Tier bezieht sich auf einen Computer. Die Europäische Union (EU) wird ihre Organisationen aufziehen und sich dabei Computer zu Nutze machen. Mit den EU-Computern wird jeder Person ein Barcode auf der rechten Hand oder der Stirn gegeben. Der Barcode ist das Zeichen des Tieres. Alle möglichen persönlichen Daten werden in dem Barcode gespeichert, bevor er der Person eingepflanzt wird. Anhand des jeweils im Körper einer Person eingepflanzten Barcodes kann die EU jeden einzelnen Menschen überwachen, beobachten, inspizieren und kontrollieren, egal, wo er ist oder was er tut.

Die Kreditkarten und Ausweise, die wir derzeit benutzen, werden durch das Zeichen des Tieres, die „666", ersetzt werden. Dann brauchen die Menschen kein Bargeld und keine Schecks mehr. Sie werden sich auch keine Sorgen mehr machen zu müssen, dass sie ihr Eigentum verlieren oder dass man ihnen Geld raubt. Durch dieses Plus wird die Verbreitung der „666" weltweit sehr schnell vorangetrieben werden, ohne das Zeichen werden sich die Menschen weder ausweisen noch Dinge verkaufen oder kaufen können.

Von Beginn der sieben Jahre währenden großen Bedrängnis an werden Menschen das Zeichen des Tieres bekommen, aber sie werden nicht dazu gezwungen werden. Es wird ihnen lediglich dazu geraten, bis die Organisation der EU fest etabliert ist. Sobald die erste Hälfte der siebenjährigen großen Bedrängnis vorbei ist und die Organisation stabil dasteht, wird die EU alle zwingen, das Zeichen anzunehmen. Denen, die sich dagegen wehren, wird sie nicht vergeben. So wird die EU die Menschen durch das Zeichen des Tieres binden und sie so führen, wie sie es will.

Am Ende werden die meisten Menschen, die in der sieben Jahre währenden großen Bedrängnis noch übrig geblieben sind, durch den Antichrist und die Regierung des Tieres kontrolliert werden. Da dieser Antichrist durch den Teufel kontrolliert wird, wird die EU die Menschen dazu bringen, sich Gott zu widersetzen und sie auf den Wegen des Bösen, von Ungerechtigkeit, Sünde und Zerstörung führen.

Einige Menschen werden sich übrigens nicht der Herrschaft des Antichristen unterordnen. Das sind diejenigen, die zwar an Jesus Christus geglaubt haben, es aber bei der Rückkehr des

Herrn nicht in den Himmel schafften, weil sei keinen echten Glauben hatten.

Einige von ihnen haben den Herrn einmal angenommen und in der Gnade Gottes gelebt, später aber verloren sie die Gnade und kehrten in die Welt zurück. Andere bekannten ihren Glauben an Christus und gingen in die Kirche, aber sie führten ein Leben mit weltlichen Genüssen, weil sie keinen echten geistlichen Glauben besaßen. Dann wird es auch Leute geben, die den Herrn Jesus Christus gerade erst angenommen haben und einige Juden, die durch die Entrückung aus ihrem geistlichen Schlummer aufgewacht sind.

Wenn sie Zeuge der Entrückung werden, wird ihnen klar, dass alle Worte des Alten und Neuen Testaments wahr sind. Sie werden laut wehklagen und – von großer Furcht ergriffen – werden sie Buße tun, weil sie nicht nach dem Willen Gottes gelebt haben. Sie werden versuchen, einen Weg zu finden, um gerettet zu werden.

Und ein anderer, dritter Engel folgte ihnen und sprach mit lauter Stimme: Wenn jemand das Tier und sein Bild anbetet und ein Malzeichen annimmt an seine Stirn oder an seine Hand, so wird auch er trinken vom Wein des Grimmes Gottes, der unvermischt im Kelch seines Zornes bereitet ist; und er wird mit Feuer und Schwefel gequält werden vor den heiligen Engeln und vor dem Lamm. Und der Rauch ihrer Qual steigt auf von Ewigkeit zu Ewigkeit; und sie haben keine Ruhe Tag und Nacht, die das Tier und sein Bild anbeten, und wenn jemand das Malzeichen seines Namens annimmt. Hier ist das Ausharren der Heiligen, welche die Gebote Gottes und den Glauben Jesu bewahren (Offenbarung 14,9-12).

Wenn jemand das Zeichen des Tieres empfängt, wird er gezwungen, dem Antichrist, der Gott widersteht, zu gehorchen. Darum betont die Bibel, dass die, die das Zeichen des Tieres annehmen, nicht gerettet werden können. In der großen Bedrängnis werden die, die das wissen, sich bemühen, das Zeichen des Tieres nicht zu anzunehmen, um so ihren Gauben zu beweisen.

Die Identität des Antichrists wird eindeutig offenbart werden. Er wird diejenigen als unreine Elemente der Gesellschaft klassifizieren, die sich seiner Politik widersetzen und sich weigern, das Zeichen anzunehmen; er wird sie aus der Gesellschaft entfernen, weil sie den sozialen Frieden stören. Er wird sie zwingen, Jesus Christus zu leugnen und das Zeichen des Tieres anzunehmen. Wenn sie Widerstand leisten, werden sie verfolgt werden und als Märtyrer sterben.

Errettet durch den Märtyrertod, weil sie das Zeichen des Tieres nicht annahmen

Die Qualen derer, die sich in der sieben Jahre währenden Bedrängnis dagegen wehren, das Zeichen des Tieres zu bekommen, sind unvorstellbar schrecklich. Sie werden zu schrecklich sein, als dass sie sie ertragen können, so dass es nur wenige geben wird, die sie überstehen und so die letzte Möglichkeit bekommen, errettet zu werden. Einige von ihnen werden sagen: „Ich gebe meinen Glauben an den Herrn nicht auf. Ich glaube im Herzen noch an Ihn. Diese Qualen sind so überwältigend für mich, dass ich den Herrn einfach mit meinem Mund leugnen werde. Gott wird es verstehen und mich retten." Dann werden sie das Zeichen des Tieres annehmen. Doch so können sie keineswegs errettet werden.

Vor einigen Jahren zeigte mir Gott, als ich betete, eine Vision davon, wie einige derer, die während der großen Bedrängnis noch da sind, Widerstand leisten werden gegen das Zeichen des Tieres und wie sie gequält werden. Es war wirklich ein schreckliches Bild! Ihre Peiniger häuteten sie, brachen ihre Gelenke entzwei, schnitten ihnen Finger, Zehen, Arme und Beine ab und gossen kochendes Öl auf ihren Leib.

Im Zweiten Weltkrieg wurden Menschen regelrecht geschlachtet und gequält; man führte medizinische Experimente am lebendigen Körper durch. Doch diese Qualen können nicht mit denen in der sieben Jahre währenden Bedrängnis verglichen werden. Nach der Entrückung wird der Antichrist mit dem Teufel über die Welt herrschen und für niemanden Barmherzigkeit oder Mitleid empfinden.

Der Feind und die Truppen des Antichristen werden die Menschen überzeugen, Jesus auf irgendeine Art und Weise zu leugnen, um sie in die Hölle zu schicken. Sie werden die Gläubigen zwar mit sehr geschickten Methoden in schlimmster Weise foltern, aber nicht gleich töten. Alle möglichen Methoden und modernen Folterinstrumente werden bei den Gläubigen Panik verursachen und ihnen die schlimmsten Schmerzen beibringen. Die Qualen werden andauern.

Die Gequälten werden sich wünschen, getötet zu werden, können aber den Tod nicht wählen, weil der Antichrist sie nicht einfach töten wird und sie sich bewusst sind, dass Selbstmord nicht zur Errettung führt.

In der Vision, die mir Gott zeigte, konnten die meisten Menschen die Schmerzen der Folter nicht ertragen und ordneten sich dem Antichrist unter. Eine gewisse Zeit überlebten einige von ihnen scheinbar und überwanden die Qualen mit ihrem starken Willen, als sie aber sahen, wie ihre geliebten Kinder oder Eltern genauso gequält wurden, gaben sie ihren Widerstand auf, ordneten sich dem Antichrist unter und nahmen das Zeichen des Tieres an.

Von den Gequälten werden eine ganze Reihe mit aufrechten, wahrhaften Herzen die schrecklichen Qualen und schlauen Versuchungen des Antichrists überwinden und als Märtyrer sterben. Diejenigen, die ihren Glauben in der großen Bedrängnis – durch den Märtyrertod – bewahren, können an der Errettung teilhaben.

Der Weg der Errettung vor der bevorstehenden Bedrängnis

Als der Zweite Weltkrieg ausbrach, hätten die Juden, die damals friedlich in Deutschland lebten, nie vermutet, dass ein solch entsetzliches Abschlachten wie der Massenmord an den sechs Millionen Juden auf sie wartete. Niemand wusste oder hätte vorhersehen können, dass das Deutschland, das ihnen Frieden und relative Stabilität geboten hatte, sich plötzlich für eine kurze Zeitspanne in eine solch böse Macht verwandeln würde.

Zu der Zeit waren die Juden, da sie nicht wussten, was passieren würde, hilflos und konnten nichts tun, um das große Leiden zu vermeiden. Gott will, dass Sein auserwähltes Volk in nächster Zukunft dem bevorstehenden Desaster entgeht. Darum hat Gott das Ende der Welt in der Bibel im Detail beschrieben und schickt Männer Gottes, um Israel vor der kommenden Bedrängnis zu warnen und wachzurütteln.

Das Wichtigste, was Israel wissen muss, ist, dass man diese Katastrophe – die Bedrängnis – nicht verhindern kann. Anstatt ihr zu entfliehen, wird Israel sich mitten in der großen Bedrängnis wiederfinden. Mein Wunsch ist es, dass Ihnen klar wird, dass diese Bedrängnis sehr bald kommen wird – wie ein Dieb, wenn Sie nicht darauf vorbereitet sind. Sie müssen aus dem geistlichen Schlummer aufwachen, wenn Sie dem schrecklichen Desaster entkommen wollen.

Jetzt ist die Zeit, in der Israel aufwachen muss! Die Juden müssen Buße tun, dass sie den Messias damals nicht erkannten. Sie müssen Jesus Christus als den Retter aller Menschen akzeptieren und so, wie Gott es sich wünscht, wahren den Glauben haben, damit sie voller Freude entrückt werden können, wenn der Herr in der Luft zurückkehrt.

Ich ermutige Sie eindringlich, zu bedenken, dass der Antichrist – ähnlich wie Deutschland damals vor dem Zweiten Weltkrieg – wie ein Friedensbotschafter erscheinen wird. Er wird Frieden und Trost bieten, dann aber wird die Macht des Antichrists, die bereits jetzt wächst, sehr schnell und unerwartet zunehmen und er wird Leiden und Katastrophen in unbeschreiblichem Ausmaß herbeiführen.

Die zehn Zehen

Die Bibel enthält viele Prophetien, die sich in der Zukunft ereignen werden. Besonders die Weissagungen in den Büchern der großen Propheten im Alten Testament sagen uns nicht nur die Zukunft Israels, sondern die der ganzen Welt voraus. Was ist Ihrer Meinung nach der Grund dafür? Gottes auserwähltes Volk stand und steht im Zentrum der menschlichen Geschichte; dem wird immer so sein.

Die große Statue in der Weissagung Daniels

Das Buch Daniel sagt nicht nur die Zukunft Israels voraus, sondern berichtet auch darüber, was in den letzten Tagen aus der Welt werden wird – auch in Bezug auf das Ende Israels. In Daniel 2,31-33 konnte der Prophet durch die Inspiration Gottes den Traum Nebukadnezars auslegen. In der Auslegung ging es darum, was am Ende der Welt geschehen würde.

Du, König, schautest: Und siehe, ein großes Bild! Dieses Bild war gewaltig und sein Glanz außergewöhnlich; es stand vor dir, und sein Aussehen war furchtbar. Dieses Bild, sein Haupt war aus feinem Gold, seine Brust und seine Arme aus Silber, sein Bauch und seine Lenden aus Bronze, seine Schenkel aus Eisen, seine Füße teils aus Eisen und teils aus Ton (Daniel 2,31-33).

Was wird in diesen Versen über die Lage in der Welt am Ende der Zeit prophezeit?

Das „große Bild", das König Nebukadnezar im Traum sah, ist nichts anderes als die Europäische Union. Heute wird die Welt von zwei Mächten kontrollier: den Vereinigten Staaten von Amerika und der Europäischen Union. Natürlich kann man den Einfluss von Russland und China nicht ignorieren, doch was den wirtschaftlichen und militärischen Sektor anbelangt, so werden die Vereinigten Staaten von Amerika und die Europäischen Union die einflussreichsten Mächte in der Welt sein.

Im Moment scheint die EU etwas schwach zu sein, aber sie wird immer mehr ausgebaut. Das bezweifelt heute niemand. Bis jetzt ist die USA allein die größte Weltmacht, doch die EU wird auf der ganzen Welt Schritt für Schritt mehr Macht bekommen als die USA.

Vor einigen Jahrzehnten hätte sich niemand vorstellen können, dass die Länder Europas sich unter einem Regierungssystem vereinigen könnten. Selbstverständlich haben die Staaten Europas lange über eine Europäische

Union diskutiert, doch niemand wusste mit Sicherheit, dass sie über die Grenzen nationaler Identität, Sprache, Währung etc. hinausgehen würden, um zu erreichen, dass eine solche Vereinigung erreicht würde.

Doch Ende der 80er Jahre des vergangenen Jahrhunderts fingen die Spitzenpolitiker der Länder Europas an, aus wirtschaftlichen Erwägungen heraus intensiv über das Thema zu diskutieren. Im Kalten Krieg brauchte man vor allem militärisch Schlagkraft, um als Weltmacht die Oberhand zu behalten, doch seit dem Ende des Kalten Krieges hat ein Verlagerung zugunsten der wirtschaftlichen Stärke stattgefunden.

Um sich darauf vorzubereiten, haben sich die Länder Europas bemüht, sich zu vereinigen und sind im Ergebnis dessen zu einer Wirtschaftsunion geworden. Jetzt steht nur noch die politische Vereinigung aus, um die Länder unter einer einzigen Regierung zu vereinen. Darauf läuft jetzt alles hinaus.

„Dieses Bild war gewaltig und sein Glanz außergewöhnlich; es stand vor dir, und sein Aussehen war furchtbar." Mit diesen Worten aus Daniel 2,31 wird über das Wachstum und die Aktivitäten der Europäischen Union geweissagt. Damit wird uns gesagt, wie stark und mächtig die EU sein wird.

Die EU wird große Macht haben

Wie wird die EU zu großer Macht kommen? In Daniel 2,32

lesen wir die Antwort; der Vers erklärt, woraus Haupt, Brust, Arme, Bauch, Lenden, Schenkel und Füße bestehen.

Zunächst heißt es in Vers 32: „*[S]ein Haupt war aus feinem Gold.*" Damit wird vorausgesagt, dass die EU sich wirtschaftlich verbessern und durch die Anhäufung von Reichtum über große wirtschaftliche Schlagkraft verfügen wird. Gemäß der Weissagung wird die EU durch die Wirtschaftsunion großen Nutzen haben und viel dazu gewinnen.

Weiter heißt es im selben Vers: „[S]eine Brust und seine Arme [waren] aus Silber." Dies steht symbolisch für die scheinbare soziale, kulturelle und politische Einheit der EU. Die Wahl eines Präsidenten, der die EU repräsentieren soll, wird die äußere politische Einheit bewirken; dann werden auch die sozialen und kulturellen Aspekte ganz vereint werden. Doch im Umfeld einer unvollkommenen Einheit wird jedes Mitglied versuchen, selbst wirtschaftlichen Nutzen herauszuschlagen.

Weiter lesen wir: „[S]ein Bauch und seine Lenden [waren] aus Bronze." Das steht sinnbildlich für die militärische Einheit, die die EU erreichen wird. Jedes Land in der EU will wirtschaftliche Macht haben. Die militärische Schlagkraft wird hauptsächlich wirtschaftlichen Zwecken dienen, was auch das ultimative Ziel ist. Um sich an der weltweiten Machtübernahme mittels wirtschaftlicher Schlagkraft zu beteiligen, werden die EU-Länder keine andere Wahl haben, als sich sozial, kulturell, politisch und wirtschaftlich zu vereinigen.

Zum Schluss steht geschrieben: „*[S]eine Schenkel [waren] aus Eisen.*" Damit wird Bezug genommen auf ein weiteres Fundament, mit dem die EU gestärkt und unterstützt wird: die religiöse Einheit. Zunächst wird die EU den Katholizismus zur Staatsreligion erklären. Dieser wird an Kraft gewinnen und als Stützmechanismus dienen, um die EU zu stärken und zu bewahren.

Die geistliche Bedeutung der zehn Zehen

Sobald es der EU gelingt, viele Länder im wirtschaftlichen, politischen, sozialen, kulturellen, militärischen und religiösen Bereich zu vereinen, wird sie zunächst ihre Einheit und Macht öffentlich zur Schau stellen, doch dann wird sie nach und nach Zeichen der Zwietracht und Auflösung erleben.

Anfangs werden die Länder der EU sich vereinen und zum gegenseitigen wirtschaftlichen Nutzen Zugeständnisse machen. Doch im Laufe der Zeit werden soziale, kulturelle, politische und ideologische Unterschiede und die sich daraus ergebenden Unsinnigkeiten sichtbar. Mehrere Anzeichen werden auf Spaltungen deuten. Schließlich kommen religiöse Konflikte ans Tageslicht – Konflikte zwischen Katholizismus und Protestantismus.

In Daniel 2,33 steht: „*[S]eine Füße [waren] teils aus Eisen und teils aus Ton.*" Das bedeutet, dass einige der zehn Zehen aus Eisen und andere aus Ton bestanden. Die zehn Zehen beziehen sich nicht auf die „zehn Länder der EU", sondern „auf fünf Länder, die mehrheitlich katholisch und fünf andere, die protestantisch sind."

So wie sich Eisen und Ton nicht vermischen lassen, können die Länder, in denen der Katholizismus herrscht, nicht mit denen, wo der Protestantismus herrscht, vereint werden. Das heißt, diejenigen, die dominieren und die, die dominiert werden, kann man nicht vermischen.

Wenn die Zeichen der Uneinigkeit in der EU wachsen, wird man verstärkt die Notwendigkeit sehen, die Länder religiös zu vereinen; der Katholizismus wird an vielen Stellen an Macht gewinnen.

Die Bildung der Europäischen Union erfolgte aus wirtschaftlichen Beweggründen; sie wird in der Endzeit enorm an Macht gewinnen. Später wird die EU den Katholizismus zu ihrer Religion machen; dadurch wird sie noch mehr erstarken und schließlich zu einem Götzen werden.

Götzen sind Objekte, die von Menschen angebetet und verehrt werden. So wird die EU aufgrund ihrer großen Macht weltweit die Führung übernehmen; sie wird die Welt sogar wie ein mächtiger Götze beherrschen.

Der Dritte Weltkrieg und die Europäische Union

Wie bereits gesagt werden unzählige Gläubige gleichzeitig in die Luft entrückt werden, wenn der Herr am Ende der Weltzeit zurückkehrt, und auf der Erde wird ein unbeschreibliches Chaos ausbrechen. Derweil wird die EU die Macht übernehmen und die Welt für eine kurze Zeit beherrschen – um des Friedens und der Weltordnung willen. Später wird die EU sich dem Herrn widersetzen und in der 7-jährigen Bedrängnis führend sein.

Danach trennen sich die EU-Mitglieder, weil sie jeweils nach ihrem eigenen Nutzen trachten. Das wird sich in der Mitte der sieben Jahre zutragen. Der Anfang wird so, wie er im 12. Kapitel im Buch Daniel prophezeit wurde, gemäß dem Lauf der Geschichte Israels und der Welt verlaufen.

Kurz nach Beginn der Bedrängnis wird die EU mehr und mehr an Macht und Autorität gewinnen. Es wird ein Präsident für die ganze EU gewählt. Ereignen wird sich das Ganze bald, nachdem bei der Rückkehr des Herrn in der Luft diejenigen in einem Augenblick verwandelt und in die Luft entrückt worden sind, die Jesus Christus als Erretter angenommen und das Recht bekommen hatten, Kinder Gottes zu werden.

Die meisten Juden, die Jesus nicht als Erretter annehmen, werden auf der Erde bleiben und in der sieben Jahre währenden Bedrängnis leiden. Das Elend und der Schrecken der großen Bedrängnis werden über die Maßen furchtbar sein. Die Erde wird voller herzzerreißender Geschehnisse sein: Krieg, Mord,

Exekutionen, Hungersnöte, Krankheiten und Katastrophen, wie man es seit Menschengedenken noch nicht erlebt hat.

Der Anfang der sieben Jahre währenden Bedrängnis wird in Israel eingeläutet – durch den Ausbruch eines Kriegen zwischen Israel und dem Nahen Osten. Seit langem herrschen starke Spannungen zwischen Israel und den restlichen Nationen im Nahen Osten; die Grenzkonflikte haben nie aufgehört. In Zukunft wird der Disput noch stärker werden. Ein schlimmer Krieg wird ausbrechen, weil sich die Weltmächte ins Ölgeschäft einmischen. Sie werden miteinander streiten – um höheres Ansehen und um in internationalen Angelegenheiten den Vorteil zu haben.

Die Vereinigten Staaten, die traditionell ein Verbündeter Israels waren, werden es für eine sehr lange Zeit unterstützen. Die Europäische Union, China und Russland, die gegen die USA sind, werden sich mit dem Nahen Osten verbünden. Dann bricht der Dritte Weltkrieg zwischen diesen beiden Lagern aus.

Der Dritte Weltkrieg wird sich in seinem Ausmaß völlig vom Zweiten Weltkrieg unterscheiden. Im Zweiten Weltkrieg wurden 50 Millionen ermordet oder starben durch den Krieg. Das Potential moderner Waffen, wie Atombomben, chemische und biologische Waffen und viele andere mehr, lässt sich mit den im Zweiten Weltkrieg eingesetzten nicht vergleichen. Das Ergebnis ihres Einsatz wird unvorstellbar entsetzlich sein.

Alle möglichen Waffen, darunter Atombomben und

verschiedene hochmoderne Waffen, die man bis dahin entwickelt haben wird, werden gnadenlos zum Einsatz kommen und zu unbeschreiblichen Verwüstungen und Gemetzeln führen. Die Länder, die den Krieg geführt haben, werden völlig zerstört und verarmt sein. Das wird noch nicht das Ende des Krieges sein. Auf atomare Explosionen werden Radioaktivität und die damit verbunden radioaktive Verstrahlung folgen; dazu kommen schwerwiegende Klimaveränderungen und die ganze Welt wird von Miseren übersät sein. Dadurch wird die Erde selbst und alle Länder, die am Krieg beteiligt waren, die Hölle auf Erden erleben.

Zur Halbzeit wird man mit Angriffen mit Atomwaffen aufhören, denn wenn diese weiter geführt würden, wäre die Existenz der Menschheit bedroht. Doch alle anderen Waffen und die große Menge an Armeen werden den Krieg vorantreiben. Die Amerikaner, Chinesen und Russen werden sich davon nicht mehr erholen.

Die meisten Länder der Erde werden fast zusammenbrechen, doch die EU wird dem schlimmsten Schaden entgehen. Sie wird China und Russland ihre Unterstützung zusagen, doch im Krieg wird sie sich nicht aktiv an den Kämpfen beteiligen, so dass sie keinen so großen Verlust wird hinnehmen müssen wie die anderen Beteiligten.

Wenn viele Weltmächte, darunter die USA, große Verluste erleben und im Wirbel dieser bis dato unbekannten Kriegsführung an Macht verlieren, wird die EU das mächtigste

Staatenbündnis werden und über die Welt herrschen. Am Anfang wird die EU die Entwicklung des Krieges nur beobachten und wenn andere Nationen wirtschaftlich und militärisch vollkommen am Boden sind, wird sie in Erscheinung treten und den Krieg auflösen. Die anderen Länder werden keine Wahl haben, als der Entscheidung der EU zuzustimmen, weil sie alle Macht verloren haben.

Zu diesem Zeitpunkt fängt die zweite Hälfte der 7-jährigen Bedrängnis an und für die folgenden dreieinhalb Jahre wird der Antichrist, der an der Spitze der EU steht, die ganze Welt kontrollieren und sich heilig sprechen lassen. Der Antichrist wird alle, die sich ihm widersetzen, foltern und verfolgen.

Das wahre Wesen des Antichrists wird offenbar

In den ersten Phasen des Dritten Weltkrieges werden mehrere Länder große Kriegsverluste erleiden, die EU wird ihnen wirtschaftliche Hilfe durch China und Russland versprechen. Israel wird als zentraler Kriegsschauplatz geopfert. Die EU verspricht, den heiligen Tempel Gottes, nach dem sich Israel so sehr gesehnt hat, zu bauen. Durch diese Befriedigungspolitik der EU beginnt Israel, von der Rückkehr der Herrlichkeit zu träumen, die es im Segen Gottes vor so langer Zeit genossen hatte. Deswegen verbündet sich Israel auch mit der EU.

Wegen Seiner Unterstützung für Israel wird der Präsident der EU als Retter der Juden betrachtet werden. Der sich hinziehende Krieg im Nahen Osten geht zu Ende, danach wird man das Heilige Land wiederherstellen und den heiligen Tempel Gottes bauen. Die Israelis werden glauben, dass der Messias, ihr lang ersehnter König, endlich gekommen ist und ihr Land vollkommen wieder hergestellt und verherrlicht hat.

Doch ihre Erwartungen und ihre Freude fallen auf unfruchtbaren Boden. Wenn der heilige Tempel in Jerusalem wiederhergestellt ist, geschieht etwas Unvorhergesehenes. Dies wurde im Buch Daniel vorhergesagt.

Und stark machen wird er einen Bund für die Vielen, eine Woche lang; und zur Hälfte der Woche wird er Schlachtopfer und Speisopfer aufhören lassen. Und auf dem Flügel von Gräueln kommt ein Verwüster, bis fest beschlossene Vernichtung über den Verwüster ausgegossen wird (Daniel 9:27).

Und Streitkräfte von ihm werden dastehen; und sie werden das Heiligtum, die Bergfeste entweihen und werden das regelmäßige Opfer abschaffen und den verwüstenden Gräuel aufstellen (Daniel 11:31).

Und von der Zeit an, in der das regelmäßige Opfer abgeschafft wird, um den verwüstenden Gräuel einzusetzen, sind es 1 290 Tage (Daniel 12:11).

Diese drei Verse deuten alle auf einen Vorfall hin. Dieser

wird sich am Ende der Zeit ereignen und Jesus sprach über die Endzeit im folgenden Vers.

In Matthäus 24,15-16 heißt es: *„Wenn ihr nun den Gräuel der Verwüstung, von dem durch Daniel, den Propheten, geredet ist, an heiliger Stätte stehen seht – wer es liest, der merke auf! –, dann sollen die in Judäa auf die Berge fliehen."*

Zunächst werden die Juden glauben, die EU habe den heiligen Tempel Gottes im Verheißenen Land, welches sie als heilig betrachten, wieder aufgebaut. Doch wenn der Gräuel an der heiligen Stätte steht, werden sie geschockt sein und begreifen, dass sie seither etwas Falsches geglaubt hatten. Ihnen wird klar, dass sie ihre Augen von Jesus Christus, ihrem Messias und dem Erretter der Menschheit, abgewendet hatten.

Darum muss Israel auch jetzt aufgeweckt werden. Wenn es nicht aufgeweckt wird, wird das Volk die Wahrheit nicht rechtzeitig erkennen können. Dann wird es die Wahrheit zu spät erkennen und es gibt kein Zurück mehr.

So wünsche ich mir sehnlichst, dass du, Israel, aufgeweckt wirst, damit du nicht in die Versuchung des Antichrists kommst und das Zeichen des Tieres empfängst. Wenn du dich von den glatten, verführerischen Worten des Antichrists, der dir Frieden und Wohnstand verspricht, täuschen lässt und das Zeichen des Tieres, die „666" annimmst, wirst du gezwungenermaßen, unwiderruflich auf den Pfad des ewigen Todes kommen.

Noch trauriger ist die Tatsache, dass gemäß der Weissagung

Daniels viele von Ihnen, den Juden, erst dann erkennen, dass Sie in Ihren Glauben falsch gelegen haben, wenn die Identität des Tieres offenbart worden ist. Aber diese Erkenntnis ist schon vorher zwingend nötig, damit Sie der sieben Jahre währenden Bedrängnis entfliehen können.

Darum müssen Sie, wie ich bereits erwähnt habe, Jesus Christus annehmen und den in Gottes Augen richtigen Glauben haben. Das ist die einzige Art und Weise, wie Sie der 7-jährigen Bedrängnis entfliehen können.

Wie schade wäre es, wenn Sie nicht mit in den Himmel entrückt würden und stattdessen bei der Rückkehr des Herrn auf der Erde zurückbleiben müssten! Glücklicherweise bekommen Sie aber noch eine letzte Gelegenheit.

Ich flehe Sie eindringlich an, Jesus Christus sofort anzunehmen und mit anderen Brüdern und Schwestern in Christus Gemeinschaft zu haben. Es ist noch nicht zu spät; noch können Sie aus der Bibel und aus diesem Buch lernen, wie man den Gauben in der bevorstehenden großen Bedrängnis bewahrt, den von Gott vorbereiteten Weg findet, die letzte Chance zur Errettung nutzt und auf den richtigen Pfad geführt wird.

Die unerschöpfliche Liebe Gottes

Gott hat Seine Vorsehung für die Errettung der Menschheit durch Jesus Christus erfüllt. Egal welcher Rasse oder Nation jemand angehört, sobald er Jesus als Retter annimmt und den Willen Gottes tut, macht Gott ihn zu Seinem Kind und erlaubt es ihm, das ewige Leben zu genießen.

Doch was ist mit Israel und mit seinem Volk geschehen? Viele haben Jesus Christus nicht angenommen und sind weit entfernt vom Weg der Errettung. Welch eine große Schande, dass sie den Weg des Heils durch Jesus Christus nicht erkennen werden, bevor der Herr in der Luft zurückkommt und die geretteten Kinder Gottes von der Erde entrückt werden!

Was wird dann aus Gottes auserwähltem Volk werden? Werden die Juden vom Triumphzug der erlösten Kinder Gottes ausgeschlossen? Der Gott der Liebe hat Seinen erstaunlichen Plan für Israel für die letzten Augenblicke der Menschheitsgeschichte aufgehoben.

Nicht ein Mensch ist Gott, dass er lüge, noch der Sohn eines Menschen, dass er bereue. Sollte er gesprochen haben und es nicht tun und geredet haben und es nicht halten? (4. Mose 23,19).

War es die letzte Vorsehung Gottes, die Er für Israel in der Endzeit geplant hat? Gott hat vorgesehen, dass Sein auserwähltes Volk, Israel, doch noch gerettet wird. Es wird erkennen, dass der Jesus, den es gekreuzigt hatte, der wahre Messias war und ist, auf den es so lange gewartet hat und es wird vor Gott gründlich Buße tun.

Gerade noch errettet

Weil sie selbst Augenzeugen waren, als viele andere in den Himmel entrückt wurden und weil sie die Wahrheit erkannt haben, werden einige der auf der Erde zurückgebliebenen Menschen in der sieben Jahre währenden großen Bedrängnis in ihrem Herzen die Tatsache akzeptieren, dass es Himmel und Hölle wirklich gibt, dass Gott lebt und Jesus Christus unser einziger Retter ist. Sie werden überdies versuchen, das Zeichen des Tieres nicht anzunehmen. Nach der Entrückung werden sie innerlich verwandelt werden, das in der Bibel aufgeschriebene Wort Gottes lesen, zusammenkommen und Gottesdienste feiern und sich bemühen, gemäß dem Wort zu leben.

Am Anfang der großen Bedrängnis werden viele Menschen ein religiöses Leben führen und andere evangelisieren können, weil es noch keine organisierte Verfolgung gibt. Sie werden das Zeichen des Tieres nicht annehmen, weil sie wissen, dass eine Errettung mit dem Zeichen nicht möglich ist. Sie werden ihr Bestes tun, um selbst in der großen Bedrängnis ein Leben zu führen, das der Errettung würdig ist. Doch es wird wirklich schwer für sie werden, ihren Glauben zu bewahren, weil der Heilige Geist die Erde verlassen haben wird.

Viele von ihnen werden zahlreiche Tränen vergießen, weil sie niemanden haben, der sie zu einem Gottesdienst mitnimmt und ihnen hilft, ihren Glauben zu vermehren. Sie werden ihren Glauben ohne den Schutz und die Kraft Gottes bewahren müssen. Sie werden trauern, weil sie bereuen, dass sie der Lehre im Wort Gottes nicht gefolgt sind, obwohl man ihnen geraten hatte, Jesus Christus anzunehmen und ein Leben als treue Gläubige zu führen. Sie werden ihren Glauben trotz aller möglichen Prüfungen und der Verfolgung in dieser Welt bewahren müssen, in der es schwierig sein wird, das wahre Wort Gottes zu finden.

Einige von ihnen werden sich in abgelegenen Bergen verstecken, um nicht das Zeichen des Tieres, die „666", annehmen zu müssen. Um sich zu ernähren, werden sie nach den Wurzeln von Pflanzen und Bäumen suchen und Tiere töten müssen, denn ohne das Zeichen des Tieres werden sie nichts kaufen können. Doch in der zweiten Hälfte der Trübsal wird die Armee des Antichristen dreieinhalb Jahre lang intensiv nach Gläubigen suchen. Da wird es egal sein, wo sie sich in den Bergen versteckt haben; man wird sie finden und sie werden von der Armee abgeführt werden.

Die Regierung des Tieres wird diejenigen, die das Zeichen des Tieres noch nicht empfangen haben, heraussuchen, schlimm foltern und zwingen, den Herrn zu leugnen und das Zeichen anzunehmen. Schließlich werden sich viele von ihnen ergeben; unter den schrecklichsten Schmerzen werden sie praktisch keine andere Wahl haben, als das Zeihen anzunehmen.

Die Armee wird sie nackt an Wänden aufhängen und ihre Leiber mit Bohrern durchbohren. Man wird sie vom Scheitel bis zur Sohle häuten. Man wird ihre Kinder vor ihren Augen foltern. Die von der Armee beigebrachten Foltermaßnahmen werden so extrem grausam sein, dass es ihnen sehr schwer fallen wird, sie auszuhalten und lieber als Märtyrer zu sterben.

So werden nur wenige, die all diese Qualen mit einer übermenschlichen Willenskraft überstanden haben und als Märtyrer gestorben sind, ihre Errettung erlangen und in den Himmel kommen. Manche Menschen werden also dadurch gerettet, dass sie ihren Glauben bewahren, ohne den Herrn zu leugnen und ihr Leben opfern, während der Antichrist in der Zeit der großen Bedrängnis die Kontrolle hat. Sie werden praktisch gerade noch so gerettet.

Gott hat große Geheimnisse hinsichtlich dieser Art der Errettung für Sein auserwähltes Volk Israel, nämlich die zwei Zeugen und ein Ort namens Petra.

Die Erscheinung und der Dienst der zwei Zeugen

In Offenbarung 11,3 heißt es: *„Und ich werde meinen zwei Zeugen Vollmacht geben, und sie werden 1 260 Tage weissagen, mit Sacktuch bekleidet."* Die zwei Zeugen sind die

Leute, die Gott gemäß Seinem Plan – noch vor Anbeginn der Zeit – dazu bestimmt hat, Sein auserwähltes Israel zu retten. Sie werden gegenüber den Juden in Israel bezeugen, dass Jesus Christus genau der Messias ist, über den im Alten Testament geweissagt wurde.

Gott hat zu mir über die zwei Zeugen geredet. Er erklärte mir, dass sie nicht sehr alt sind, in Gerechtigkeit wandeln und einfach ein aufrichtiges Herz haben. Er ließ mich wissen, was einer der beiden vor Gott bekennt, nämlich, dass er zwar an das Judentum glaubt, aber gehört hat, dass viele Menschen an Jesus Christus als Retter glauben und über Ihn reden. So bittet er Gott, ihm zu helfen, zu unterscheiden, was richtig und wahr ist:

„Oh Gott!

Was beunruhigt da mein Herz so sehr?
Ich glaube alles, was ich von meinen
Eltern gehört und selbst gesagt habe,
seit ich klein war.
Also was beunruhigt mich so, was für Fragen sind das in meinem Herzen?

Vielen Menschen reden über den Messias.

Erst wenn mir jemand mit klaren und
eindeutigen Beweisen zeigen kann,

ob es richtig ist, ihnen zu glauben
oder ob ich nur das glauben soll, was ich gehört habe,
seit ich klein war, kann ich mich freuen und dankbar sein.

Aber ich kann nichts sehen
und um dem zu folgen, was diese Leute erzählen,
muss ich all diese Dinge als bedeutungslos und töricht betrachten,
die sich von Kindes Beinen an bewahrt habt.
Was ist in Deinen Augen wirklich wahr?

Vater, Gott!
Wenn es Dein Wille ist,
zeige mir einen Menschen,
der alles untermauern und verstehen kann.
Lass ihn zu mir kommen und mich lehren,
was wirklich korrekt und was die echte Wahrheit ist.

Wenn ich in den Himmel blicke,
habe ich diese Unruhe in meinem Herzen,
und wenn jemand dieses Problem lösen kann,
zeige ihn mir bitte.

Ich kann nicht all die Dinge,
an die ich geglaubt habe, einfach leugnen,
ich denke über all diese Dinge nach;
wenn es jemanden gibt, der mich unterweisen

und mir Dinge zeigen kann...
wenn er mir zeigen kann, dass es wahr ist,
dann wird es nicht so sein, dass ich all diese Dinge leugne,
die ich gelernt und gesehen habe!

Darum zeige es mir bitte,
Vater, Gott.

Lass mich all diese Dinge verstehen.

Ich bin über so vieles beunruhigt.
Ich glaube, dass alles, was ich bisher gehört habe, wahr ist.

Doch wenn ich immer und immer wieder darüber nachdenke,
habe ich viele Fragen und mein Durst wird nicht gestillt.
Warum ist dem so?

Nur wenn ich all das sehen
und mir dessen sicher sein kann,
nur wenn ich sicher bin, dass es kein Verrat ist
gegenüber dem Weg, den ich bisher gegangen bin,
nur wenn ich wirklich sehen kann, was wirklich wahr ist,
nur wenn ich alles erfahre,
worüber ich die ganze Zeit nachdenke,
nur dann werde ich in meinem Herzen Frieden verspüren
können.

Die zwei Zeugen (sie sind Juden) suchen intensiv nach der reinen Wahrheit und Gott wird sie erhören und ihnen einen Mann Gottes senden. Durch diesen Mann Gottes werden sie die Vorsehung Gottes für die Geschichte der Menschheit erkennen und Jesus Christus annehmen. Sie werden während der sieben Jahre währenden großen Bedrängnis auf der Erde bleiben und einen Dienst der Buße und Errettung Israels tun. Sie werden besondere Kraft von Gott verliehen bekommen und gegenüber Israel Zeugen für Jesus Christus sein.

Sie werden in Gottes Augen völlig geheiligt auftreten und ihren Dienst 42 Monate lang verrichten, wie es in Offenbarung 11,2 geschrieben steht. Die beiden Zeugen kommen aus Israel, weil die gute Botschaft ihren Anfang und ihr Ende in Israel hat. Das Evangelium wurde durch den Apostel Paulus in der Welt verbreitet und wenn es jetzt wieder seinen Ausgangspunkt – Israel-erreicht, dann ist das Werk des Evangeliums vollendet.

Jesus sagte in Apostelgeschichte 1,8: *„Aber ihr werdet Kraft empfangen, wenn der Heilige Geist auf euch gekommen ist; und ihr werdet meine Zeugen sein, sowohl in Jerusalem als auch in ganz Judäa und Samaria und bis an das Ende der Erde."* Mit „bis ans Ende der Erde" ist hier Israel als letzte Station des Evangeliums gemeint.

Die zwei Zeugen werden den Juden die Botschaft vom Kreuz predigen und ihnen mit der feurigen Kraft Gottes erklären, wie sie den Weg des Heils finden können. Sie werden erstaunliche

Wunder und Zeichen tun, die ihre Botschaft bestätigen werden. Sie werden die Macht haben, den Himmel zu verschließen, so dass es in der Zeit, in der sie weissagen, nicht regnen wird. Sie haben auch die Macht, Wasser in Blut zu verwandeln und die Erde, so oft sie wollen, mit allen möglichen Plagen zu schlagen.

Dadurch werden sich viele Juden dem Herrn zuwenden, doch gleichzeitig werden sich manche beleidigt fühlen und versuchen, die zwei Zeugen zu töten. Nicht nur Juden, sondern auch viele böse Menschen aus anderen Ländern, die unter der Kontrolle des Antichrists sind, werden die beiden abgrundtief hassen und sie töten wollen.

Das Märtyrertum und die Auferstehung der zwei Zeugen

Die Macht, die die zwei Zeugen haben, ist so groß, dass niemand versuchen wird, ihnen Schaden zuzufügen. Am Ende werden sich die Behörden des Landes an ihrer Tötung beteiligen. Doch die zwei Zeugen werden nicht wegen der Behörden sterben, sondern weil es der Wille Gottes ist, dass sie zur festgesetzten Zeit zu Märtyrern werden. Der Ort, an dem sie den Märtyrertod sterben, ist kein anderer als der, der Kreuzigung Jesu und deutet auf ihre Auferstehung hin.

Bei Jesu Kreuzigung bewachten römische Soldaten Sein Grab, damit niemand Seinen Leichnam stehlen würde. Doch man fand ihn später nicht mehr, weil Er auferstanden war. Die Menschen, die die zwei Zeugen töten, werden sich daran erinnern und fürchten, dass jemand ihre Leichen stehlen könnte. So werden sie nicht erlauben, dass die beiden begraben werden. Stattdessen lässt man ihre Leichen auf der Straße liegen, damit die Menschen weltweit sie sehen können. Über diesen Anblick werden sich die bösen Menschen sehr freuen, die angesichts des Evangeliums, das die zwei Zeugen gepredigt hatten, von ihrem Gewissen geplagt worden waren.

Die ganze Welt wird sich freuen und feiern; die Massenmedien werden über den Tod der zwei Zeugen überall auf der ganzen Welt via Satellit dreieinhalb Tage berichten. Doch nach dreieinhalb Tagen wird die Auferstehung der zwei Zeugen stattfinden. Sie werden wieder zum Leben auferweckt, aufstehen und in einer Wolke der Herrlichkeit in den Himmel auffahren wie Elia, der im Sturmwind zum Himmel auffuhr. Diese erstaunliche Szene wird auf der ganzen Welt ausgestrahlt und unzählige Menschen werden sie anschauen.

In jener Stunde wird es ein großes Erdbeben geben und ein Zehntel der Stadt wird fallen, siebentausend Menschen werden durch das Erdbeben sterben. In Offenbarung 11,3-13 werden die Details wie folgt beschrieben:

Und ich werde meinen zwei Zeugen Vollmacht geben, und sie werden 1 260 Tage weissagen, mit Sacktuch bekleidet. Diese sind die zwei Ölbäume und die zwei Leuchter, die vor dem Herrn der Erde stehen. Und wenn jemand ihnen schaden will, so geht

Feuer aus ihrem Mund und verzehrt ihre Feinde; und wenn jemand ihnen schaden will, muss er ebenso getötet werden. Diese haben die Macht, den Himmel zu verschließen, damit während der Tage ihrer Weissagung kein Regen falle; und sie haben Gewalt über die Wasser, sie in Blut zu verwandeln, und die Erde zu schlagen mit jeder Plage, sooft sie nur wollen. Und wenn sie ihr Zeugnis vollendet haben werden, wird das Tier, das aus dem Abgrund heraufsteigt, Krieg mit ihnen führen und wird sie überwinden und sie töten. Und ihr Leichnam wird auf der Straße der großen Stadt liegen, die, geistlich gesprochen, Sodom und Ägypten heißt, wo auch ihr Herr gekreuzigt wurde. Und viele aus den Völkern und Stämmen und Sprachen und Nationen sehen ihren Leichnam drei Tage und einen halben und erlauben nicht, ihre Leichname ins Grab zu legen. Und die auf der Erde wohnen, freuen sich über sie und sind fröhlich und werden einander Geschenke senden, denn diese zwei Propheten quälten die auf der Erde Wohnenden. Und nach den drei Tagen und einem halben kam der Geist des Lebens aus Gott in sie, und sie stellten sich auf ihre Füße; und große Furcht befiel die, welche sie schauten. Und sie hörten eine laute Stimme aus dem Himmel zu ihnen sagen: Steigt hier herauf! Und sie stiegen in den Himmel hinauf in der Wolke, und es schauten sie ihre Feinde. Und in jener Stunde geschah ein großes Erdbeben, und der zehnte Teil der Stadt fiel, und siebentausend Menschennamen wurden in dem Erdbeben getötet; und die Übrigen gerieten in Furcht und gaben dem Gott des Himmels Ehre. Das zweite Wehe ist vorüber; siehe, das dritte Wehe kommt bald (Offenbarung 11,3-13).

Egal wie starköpfig die Menschen sind, wenn sie auch nur die geringste Güte in ihrem Herze haben, wird ihnen klar werden, dass das große Erdbeben, die Auferstehung der zwei Zeugen und ihre Auffahrt in den Himmel das Werk Gottes sind. Dann werden sie Ihm die Ehre geben müssen. Sie werden gezwungen sein, anzuerkennen, dass Jesus vor ca. 2.000 Jahren durch die Kraft Gottes auferweckt wurde. Doch trotz all dieser Ereignisse werden manche Menschen Gott nicht die Ehre geben.

Ich rufe Sie alle auf, die Liebe Gottes anzunehmen. Bis ganz zum Schluss wünscht sich Gott, dass Sie gerettet werden und auf die zwei Zeugen hören. Diese werden mit der mächtigen Kraft Gottes bezeugen, dass sie von Ihm kommen. Sie werden viele Menschen wachrütteln in Bezug auf die Liebe Gottes und Seinen Willen für sie. Beide werden Sie auf die letzte Chance zur Errettung hinweisen.

So bitte ich Sie eindringlich, nicht neben den Feinden zu stehen, die zum Teufel gehören, der Sie nur auf den Weg der Zerstörung führt, sondern den zwei Zeugen zuzuhören und so

Ihre Errettung zu erlangen.

Petra, eine Zufluchtsstätte für Juden

Das zweite Geheimnis, dass Gott für Israel, Sein auserwähltes Volk, vorbereitet hat, ist ein Ort namens Petra – ein Zufluchtsort in der sieben Jahre währenden Bedrängnis. Jesaja 16,1-4 beschreibt ihn so:

> *Sendet einen Widder des Landesherrn von Sela in der Wüste zum Berg der Tochter Zion! Und es geschieht: wie umherflatternde Vögel, wie ein aufgescheuchtes Nest sind die Töchter Moabs an den Übergängen des Arnon. Schaffe Rat, triff Entscheidung! Am hellen Mittag mache deinen Schatten der Nacht gleich, verbirg die Vertriebenen, den Flüchtling verrate nicht! Lass die Vertriebenen Moabs sich bei dir als Fremde aufhalten! Sei ihnen ein Versteck vor dem Verwüster! – Wenn der Unterdrücker nicht mehr da ist, die Verwüstung aufgehört hat, die Zertreter aus dem Lande verschwunden sind.*

Das Land Moab steht für Jordanien, das sich im Osten Israels befindet. Petra ist eine archäologische Ausgrabungsstätte im Südwesten Jordaniens, an einem Hang vom Berg Hor, in einem Becken zwischen den Bergen gelegen, die die westliche Seite der Aravasenke bilden. Das ist ein großes Tal zwischen dem Toten

Meer und dem Golf von Akaba. Petra wird gewöhnlich Sela genannt, was auch Fels bedeutet; in der Bibel wird die Stadt in 2. Könige 14,7 und in Jesaja 16,1 genannt.

Nachdem der Herr in der Luft zurückkommt, nimmt Er die erretteten Menschen in Empfang und genießt das sieben Jahre während Hochzeitsmahl. Dann wird Er zusammen mit ihnen auf die Erde herabkommen und für 1000 Jahre über die Erde herrschen. Für die sieben Jahre, gerechnet ab der Wiederkunft des Herrn in der Luft für die Entrückung bis Er auf die Erde zurückkehrt, wird dort die große Bedrängnis herrschen. In den dreieinhalb Jahren der zweiten Hälfte der Bedrängnis, also für 1260 Tage, wird sich das Volk Israel gemäß dem Plan Gottes an einem Ort verstecken. Dieses Versteck ist Petra (Offenbarung 12,6-14).

Warum werden die Juden dieses Versteck brauchen?

Nachdem Gott das Volk Israel für sich erwählt hatte, wurde es von zahlreichen heidnischen Völkern angegriffen und verfolgt. Der Grund dafür ist, dass der Teufel, der sich Gott immerzu widersetzt, versucht hat, Israel daran zu hindern, den Segen Gottes zu empfangen. Dasselbe wird auch in der Endzeit geschehen.

Wenn die Juden durch die 7-jährige Bedrängnis erkennen, dass Jesus, der vor 2000 Jahren auf die Erde kam, ihr Messias und Retter ist, und wenn sie Buße tun, wird der Teufel sie bis zum Ende verfolgen, um zu verhindern, dass sie ihren Glauben bewahren.

Gott, der alles weiß, hat dieses Versteck für Sein Volk vorbereitet, wodurch Er Seine Liebe offen demonstriert; Er ist mit Seiner großen Liebe nicht sparsam. Gemäß dieser Liebe und Seinem Plan wird Israel nach Petra gehen, um dem Zerstörer zu entkommen.

So wie Jesus es in Matthäus 24,16 formuliert: *„dann sollen die in Judäa auf die Berge fliehen"*, werden die Juden vor der sieben Jahre währenden großen Bedrängnis entkommen und an einem Zufluchtsort in den Bergen bleiben, wo sie ihren Glauben bewahren und errettet werden.

Als der Todesengel alle Erstgeborenen in Ägypten tötete, kontaktierten die Hebräer einander schnell und heimlich und entgingen der Plage, indem sie das Blut eines Lammes an die Oberschwelle und an die beiden Türpfosten ihrer Häuser strichen.

So werden sich die Juden wieder schnell miteinander in Verbindung setzen, um zu entscheiden, wohin sie gehen sollen und wie sie zu dem Versteck kommen können, bevor die Regierung des Antichristen beginnt, sie festzunehmen. Sie werden über Petra bereits etwas gehört haben, weil viele Evangelisten immer wieder darüber gesprochen haben; sogar diejenigen, die es nicht glauben wollten, werden es sich anders überlegen und das Versteck aufsuchen.

An dem Versteck wird es nicht möglich sein, allzu viele Menschen unterzubringen. Viele derer, die wegen der zwei

Zeugen Buße getan haben, werden sich in Petra nicht verstecken können. Sie werden ihren Glauben in der Trübsal zwar bewahren, aber als Märtyrer sterben.

Die Liebe Gottes durch die zwei Zeugen und Petra

Liebe Brüder und Schwestern, haben Sie die Chance, bei der Entrückung als Gerettete dabei zu sein, verpasst? Dann zögern Sie nicht, nach Petra zu gehen – das ist die letzte Gelegenheit, die Gott Ihnen in Seiner Gnade für die Errettung gibt. Bald wird es wegen des Antichristen viele schreckliche Katastrophen geben. Sie müssen sich in Petra verstecken, bevor die Tür zur letzten Gnade durch Störmanöver des Antichristen zugestoßen wird.

Haben Sie vielleicht auch die Chance, nach Petra zu gelangen, nicht ergriffen? Dann besteht die einzige Möglichkeit, wie Sie errettet werden und in den Himmel kommen können, darin, dass Sie den Herrn nicht leugnen und das Zeichen des Tieres, die „666", nicht annehmen. Sie werden aber alle möglichen schrecklichen Qualen überwinden und als Märtyrer sterben müssen. Das wird ganz und gar nicht einfach, doch Sie müssen es tun, um den ewigen Qualen im Feuersee zu entfliehen.

Ich wünsche mir sehr, dass Sie sich nicht vom Weg des Heils abwenden, sondern sich der unfehlbaren Liebe Gottes allezeit erinnern und alles kühn überwinden. Während Sie gegen alle möglichen Versuchungen und die Verfolgung durch den Antichristen kämpfen, denken Sie dran, dass wir, Ihre Brüder und Schwestern im Glauben, intensiv dafür gebetet haben, dass Sie triumphieren werden.

Doch unser größter Herzenswunsch ist es, dass Sie Jesus Christus annehmen, bevor all diese Dinge geschehen, und mit uns in den Himmel aufgenommen werden und am Hochzeitsmahl teilnehmen, wenn der Herr zurückkommt. Wir beten fortwährend mit Tränen der Liebe, dass Gott sich der Glaubenstaten Ihrer Patriarchen und Seines Bundes mit Ihnen erinnert und Ihnen noch einmal die große Gnade zur Errettung zuteilwerden lässt.

In Seiner mächtigen Liebe hat Gott zwei Zeugen und die Stadt Petra vorbereitet, so dass Sie Jesus Christus als Messias und Retter annehmen und errettet werden. Bis zum letzten Augenblick der Menschheitsgeschichte bitte ich Sie eindringlich, sich an die unfehlbare Liebe Gottes, der Sie nie aufgeben wird, zu erinnern.

Bevor Er Ihnen die zwei Zeugen als Vorbereitung für die bevorstehende große Bedrängnis sendet, hat Gott einen Mann gesandt, der Ihnen sagt, was am Ende der Welt geschieht, und der Ihnen den Weg des Heils zeigt. Gott will nicht, dass auch nur einer von Ihnen in der sieben Jahre währenden Bedrängnis zurückbleibt. Aber wenn Sie nach der Entrückung noch auf der Erde sein sollten, will Er, dass Sie den letzten Halm zur Errettung ergreifen. So groß ist die Liebe Gottes.

Es ist nicht mehr lange hin, bis die 7-jährige Bedrängnis beginnt. In dieser für die Menschheitsgeschichte beispiellosen Trübsal wird unser Gott Seinen liebevollen Plan für Israel umsetzen. Die Geschichte der Menschheit wird abgeschlossen, wenn die Geschichte Israels vollendet ist.

Stellen Sie sich vor, die Juden würden sofort den echten Willen Gottes verstehen und Jesus als ihren Retter annehmen? Dann wäre Gott bereit, die Geschichte Israels, wie sie in der Bibel steht, zu korrigieren und neu zu schreiben. Der Grund dafür ist die Liebe Gottes zu Israel, die über unsere Vorstellungskraft hinausgeht.

Doch viele Juden haben so gelebt, wie sie es wollten, und tun es immer noch – und zwar bis zu einem entschiedenen Punkt hin. Gott der Allmächtige, der über alles, was in der Zukunft geschehen wird, Bescheid weiß, hält eine letzte Chance für Ihre Errettung bereit und leitet Sie dabei in Seiner unfehlbaren Liebe.

Siehe, ich sende euch den Propheten Elia, bevor der Tag des HERRN kommt, der große und furchtbare. Und er wird das Herz der Väter zu den Söhnen und das Herz der Söhne zu ihren Vätern umkehren lassen, damit ich nicht komme und das Land mit dem Bann schlage (Maleachi 3,23-24).

Ich danke Gott und gebe Ihm alle Ehre, denn Er zeigt in Seiner unendlichen Liebe nicht nur Israel, Seinem auserwählten Volk, den Weg des Heils, sondern allen Menschen in allen Nationen.

Der Autor:
Dr. Jaerock Lee

Dr. Jaerock Lee wurde 1943 in Muan in der Provinz Jeonnam in der Republik Korea geboren. Im Alter zwischen 20 und 30 Jahren litt Dr. Lee sieben Jahre lang unter vielen unheilbaren Krankheiten und wartete nur noch auf den Tod, denn Hoffnung auf Heilung gab es nicht. Eines Tages im Frühling 1974 nahm ihn allerdings seine Schwester mit in eine Kirche und als er sich zum Gebet hinkniete, heilte ihn der lebendige Gott sofort von all seinen Krankheiten.

Seit Dr. Lee dem lebendigen Gott auf diese wunderbare Art und Weise begegnete, liebt er Ihn aufrichtig und von ganzem Herzen. Im Jahr 1978 wurde er zum Diener Gottes berufen. Er betete eifrig, denn er wollte den Willen Gottes klar verstehen und erfüllen und dem gesamten Wort Gottes gehorchen. Im Jahr 1982 gründete er in Seoul die Manmin-Gemeinde und seither sind in seiner Gemeinde unzählige Werke Gottes, einschließlich herrlicher Heilungen und Wunder, geschehen.

Dr. Lee wurde 1986 auf der Jahresversammlung der koreanischen Jesusgemeinde in Sungkyul zum Pastor geweiht und vier Jahre später, 1990, begann die Übertragung seiner Botschaften in Australien, Russland, auf den Philippinen und in vielen anderen Ländern durch Rundfunkanstalten wie die Far East Broadcasting Company, die Asia Broadcast Station und das Washington Christian Radio System.

Drei Jahre später, 1993, wurde die Manmin-Gemeinde von der US-amerikanischen Zeitschrift *Christian World* zu einer der „Top 50-Gemeinden der Welt" gewählt und er erhielt vom *Christian Faith College* in Florida den Ehrendoktortitel; 1996 erhielt er den Doktortitel vom *Kingsway Theological Seminary* in Iowa. Seit 1993 steht Dr. Lee bei der weltweiten Evangelisation mit an der Spitze – und zwar durch viele Großveranstaltungen in Übersee, wie in Tansania, Argentinien, L.A., Baltimore City, Hawaii und New York City in den USA, in Uganda, Japan, Pakistan, Kenia, auf den Philippinen, in Honduras, Indien, Russland, Deutschland, Peru, in der Demokratischen Republik Kongo, in Israel und Estland.

2002 bezeichneten ihn große christliche Zeitungen in Korea wegen seines mächtigen Dienstes bei Evangelisationen auf der ganzen Welt als „weltweiten Erweckungsprediger". Besonders zu nennen ist seine Großevangelisation von 2006 im Madison Square Garden, der weltbekannten Arena in New York, die in 220 Nationen übertragen wurde, sowie seine „Vereinte Großevangelisation in Israel" 2009, die im Internationalen Kongresszentrum von Jerusalem stattfand, bei der er kühn verkündigte, dass Jesus Christus der Messias und Retter ist. Seine Predigten werden via Satellit, beispielsweise über GCN TV, in 176 Ländern ausgestrahlt. 2009 und 2010 wurde er von der beliebten russischen Zeitschrift „*Im Sieg*" als einer der zehn einflussreichsten christlichen Leiter bezeichnet. Die Nachrichtenagentur *Christian Telegraph* ehrte ihn für seinen mächtigen TV-Dienst und seinen pastoralen Dienst für die Gemeinden in Übersee.

Im Mai 2013 zählte die Manmin-Gemeinde über 120.000 Mitglieder. Es gibt in Korea und überall auf dem Globus verteilt 10.000 Tochtergemeinden. Bisher sind 129 Missionare in über 23 Länder entsandt worden, wie zum Beispiel in die Vereinigten Staaten, nach Russland, Deutschland, Kanada, Japan, China, Frankreich, Indien, Kenia und viele anderen Länder.

Zur Zeit dieser Veröffentlichung hat Dr. Lee 84 Bücher geschrieben, darunter Bestseller wie *Schmecket das ewige Leben vor dem Tod, Mein Leben, Mein Glaube: Teil 1 und 2, Die Botschaft vom Kreuz, Das Maß des Glaubens, Der Himmel: Teil 1 und 2, Die Hölle* und *Die Kraft Gottes*. Seine Werke sind in über 75 Sprachen übersetzt worden.

Seine christlichen Kolumnen erscheinen in *The Hankook Ilbo, The Chosun Ilbo, The JoongAng Daily, The Dong-A Ilbo, The Munhwa Ilbo, The Seoul Shinmun, The Kyunghyang Shinmun, The Korea Economic Daily, The Korea Herald, The Shisa News* und *The Christian Press*.

Dr. Lee leitet derzeit viele Missionsorganisationen und -vereine in folgenden Positionen: Vorsitzender der United Holiness Church of Jesus Christ, Präsident von Manmin World Mission; ständiger Präsident von The World Christianity Revival Mission Association; Gründer und Aufsichtsrat vom Global Christian Network (GCN); Gründer und Aufsichtsrat vom The World Christian Doctors Network (WCDN) und Gründer und Aufsichtsrat von der Bibelschule Manmin International Seminary (MIS).

Andere mächtige Bücher von diesem Autor

Der Himmel I & II

Eine detaillierte Darstellung der herrlichen Lebensumstände der Bewohner des Himmels und eine wunderschöne Beschreibung der verschiedenen Ebenen in den himmlischen Königreichen.

Die Botschaft vom Kreuz

Ein mächtiger Weckruf an alle Menschen, die geistlich schlafen! In diesem Buch finden sie den Grund, warum Jesus der einzige Retter ist und die echte Liebe Gottes verkörpert.

Die Hölle

Eine ernste Botschaft Gottes an die gesamte Menschheit; Er will nicht, dass auch nur eine Seele in die Tiefen der Hölle abstürzt! Sie werden die bisher noch nie veröffentlichte, grausame Realität des Abgrunds und der Hölle entdecken.

Geist, Seele und Leib I & II

Wenn man Geist, Seele und Leib, also die Teile, aus denen der Mensch besteht, geistlich erfasst, kann man sich selbst betrachten und Einblick in das Leben an sich bekommen.

Das Maß des Glaubens

Was für einen Wohnung, Krone und Belohnung stehen für Sie im Himmel bereit? Dieses Buch schenkt Ihnen Weisheit und hilft Ihnen, Ihren Glauben zu messen und den besten und reifsten Glauben zu entwickeln.

Wache auf, Israel

Warum ruht Gottes Auge schon vom Anbeginn der Welt bis zum heutigen Tage immer auf Israel? Was hat Er für das Israel, das immer noch auf den Messias wartet, gemäß Seiner Vorsehung für die Endzeit vorbereitet?

Mein Leben, mein Glaube I & II

Ein duftendes, geistliches Aroma entspringt einem Leben, das aufblühte mit einer unvergleichlichen Liebe – mitten unter dunklen Wellen, kalten Jochen und tiefer Verzweiflung.

Die Kraft Gottes

Diese wichtige Anleitung muss man gelesen haben, so dass man echten Glauben haben und die wunderbare Kraft Gottes erleben kann.

---

www.urimbooks.com

www.ingramcontent.com/pod-product-compliance
Lightning Source LLC
LaVergne TN
LVHW041932070526
838199LV00051BA/2784